LA PSICOLOGÍA

DEL AMOR

EL AMOR ROMÁNTICO: PARA APRENDER A AMAR

(VOLUMEN II)

Publicado por:

LIVING MISSION MINISTRIES, INC
Una Misión para Vivir, Inc.

PEDIDOS:

www.amazon.com

www.hectorwilliamszorrilla.com

hectorwilliamszorrilla@yahoo.com

Héctor Williams Zorrilla

La psicología del amor
El amor romántico: para aprender a amar
(VOLUMEN II)

Primera edición
Mayo de 2013
Nueva York, Estados Unidos

Si deseas comunicarte con el autor de este libro para comentarios, preguntas, sugerencias, hazlo aquí:

www.hectorwilliamszorrilla.com

hectorwzorrilla@gmail.com

Otros libros por este autor

Recetas para sanar tu corazón
(Principios simples para vivir la vida)

Psicología sexual de la pareja
(Cómo vivir la sexualidad a plenitud)

La psicología del Amor
El amor romántico: aprender a amar
(Volumen 1)

Los Reinos de la Ternura
(Relatos Cortos)

De Amor y de Sueños
(Relatos Cortos)

Libros escritos con su esposa, Clemencia Zorrilla:

Recetas para Enriquecer tu Matrimonio
(Cómo mantener las llamas del amor)

Recetas para Enriquecer tu Vida Sexual
(Cómo disfrutar de tu sexualidad en el matrimonio)

© LA PSICOLOGÍA DEL AMOR
El amor romántico: para aprender a amar
(VOLUMEN II)

Primera edición-Estados Unidos de América

Autor: Héctor Williams Zorrilla

Se efectuó el depósito de ley en la Biblioteca del
Congreso de los Estados Unidos. Washington, D.C.

©Copyright □2013 Héctor Williams Zorrilla
United States Library of Congress copyright

www.hectorwilliamszorrilla.com

hectorwzorrilla@gmail.com

©Library of Congress United States of America

PRIMERA Edición – Mayo 2013

Cubierta Flexible: ISBN 978-0-9841897-6-2
© 2013 PUBLICACIONES LIVING MISSION MINISTRIES,
INC.
HÉCTOR WILLIAMS ZORRILLA
UNA MISIÓN PARA VIVIR, INC. (MIPAV)

hectorwzorrilla@gmail.com

"No hay nada más poderoso que una idea cuya hora de realizarse ha llegado".

(Víctor Hugo)

"Un viaje de mil millas empieza con el primer paso".

(Tao Te Ching)

Dedicatoria

A mi esposa, Clemencia

A mis hijos, Ysaac Loammi, Willian Nefty, Kirsis Janet y Melissa Stephanie

A mi nieto, Ysaac Junior

A Elis Zabala, mi correctora y editora. Un ser humano genial, a quien aprecio con el alma

A todas las parejas románticas que creen en la magia del amor.

Como escribí este libro lleno de amor

En el 1992, yo perdí mi primer trabajo profesional en los Estados Unidos, a donde había emigrado legalmente en el 1989.

En lo que encontraba otro trabajo profesional (no lavando platos, que fue mi primer trabajo en este país), me dediqué a escribir este libro.

Al final de ese mismo año, 1992, nació mi hija, ese ser amado con el alma a quien llamamos Melissa.

Para escribir este libro, leí cientos de libros sobre el tópico, los cuales tomaba prestados en la biblioteca pública del estado de Nueva York, a la cual le agradezco permitirme sacar docenas de libros al mismo tiempo para leer en mi casa.

Este es un libro sobre el amor, pero que también está lleno de amor. Creo que todo ser humano debería leer este libro por lo menos una vez en la vida. Este libro estuvo guardado por veinte un años, y sus ideas, conceptos y paradigmas siguen tan vigentes como el primer día. Un libro que pasa el crisol del tiempo es digno de leerse. Me quedé sorprendido cuando lo leí 21 años después, y decidí publicarlo para su deleite.

Héctor Williams Zorrilla

ÍNDICE DE CONTENIDO
LA PSICOLOGÍA DEL AMOR
EL AMOR ROMÁNTICO: PARA APRENDER A AMAR
(VOLUMEN II)

DEDICATORIA

PRIMERA INTRODUCCIÓN

SEGUNDA INTRODUCCIÓN

Capítulo Introductorio
Mujer y hombre: creadores de la pareja erótica
-Mitologías de los celos de las diosas
-Tipos y matices diversos de parejas románticas
-La pareja: un arcoíris lleno de mitologías

LA PSICOLOGÍA DEL AMOR
EL AMOR ROMÁNTICO: PARA APRENDER A AMAR
(VOLUMEN II)

Primera introducción

NO, EL AMOR NO ESTÁ MUERTO

No, el amor no está muerto en ese corazón y en esos ojos y en esa boca que proclaman sus funerales comenzados. Escuchen, tengo bastante de lo pintoresco y de los colores y del encanto.

Amo el amor, su ternura y su crueldad.

Mi amor no tiene más que un solo nombre, que una forma.

Y si algún día lo recuerdas

Oh, tú, forma y nombre de mi amor,

Un día sobre el mar entre América y Europa,

A la hora en que el rayo final del sol se reverbere

sobre la superficie ondulada de las olas, o bien una noche de tormenta bajo un árbol en el campo, o en un rápido automóvil,

Una mañana de primavera en el Boulevard Malesherbes

Un día de lluvia,

Al alba antes de acostarse,

Di, si lo ordeno a tu fantasma familiar, que fui el único en amarte demasiado y que es una lástima que no lo hayas sabido.

Di que no hay que lamentar las cosas: Ronsard, antes que yo, y Baudelaire han cantado el lamento de las viejas y las muertas que despreciaron el más puro amor.

Tú, cuando estés muerta,

Serás bella y siempre deseable.

Yo estaré muerto ya, encerrado por completo en tu cuerpo inmortal, en tu imagen sorprendente, presente para siempre entre las maravillas perpetúas de la vida y de la eternidad.

Pero si vivo,

Tu voz y su canto, tu mirada y sus rayos,

El olor tuyo y el de tus cabellos y muchas otras cosas todavía vivirán en mí.

En mí que no soy ni Ronsard ni Baudelaire, pero que soy Robert Desnos y que, por haberte conocido y amado,

Los valgo bien.

Yo soy Robert Desnos, para amarte

Y que no quiero añadir otra reputación a mi memoria sobre la tierra despreciable.

(Poema escrito por Robert Desnos, poeta francés nacido el 4 de julio de 1900. Esta versión del poema fue publicada en la revista PLURAL, Núm. 193, octubre de 1987. La traducción al español es de Rodolfo Alonso).

Segunda introducción

El Placer de Amar

Amar no es una obligación, sino un privilegio.

No se puede amar por presión ni por deber, sino porque es el mayor placer en la vida; amas por gusto porque puedes amar; no amas por cumplir ninguna regla, ni para hacer méritos ante nadie; amas por el simple y maravilloso placer de amar.

Te amo, y en este momento acepto la aventura de explorar y descubrir contigo lo que guardas más allá de tus máscaras y tus defensas.

Contemplo con ternura tus más profundos sentimientos, tus temores, tus carencias, tus esperanzas y alegrías, tu dolor y tus anhelos.

Te amo, y comprendo que detrás de tu coraza se encuentra un corazón sensible y solitario, hambriento de una mano amiga y de una sonrisa sincera en la que puedas sentirte en casa.

Te amo, y con el mayor respeto entiendo que la desarmonía y el caos en los que a veces vives son el producto de tu ignorancia y de tu inconsciencia. Me doy cuenta de que si generas desdichas es porque aún no has aprendido a sembrar alegrías, y en ocasiones te sientes tan vacío y tan carente de sentido, que no puedes confiar en ti mismo ni reconocer tu riqueza; pero en este instante, descubro y honro, por encima de cualquier apariencia, tu verdadera identidad y tu valor, y aprecio honestamente tu infinita grandeza como una expresión única e irrepetible de la vida.

Te amo, y sinceramente desde hoy te brindo la oportunidad de ser escuchado con profunda atención, interés y respeto. Acepto tu experiencia sin pretender modificarla, sino comprenderla. Te ofrezco un espacio en el que puedas descubrirte sin miedo a ser calificado, en el que sientas la confianza de abrirte, sin ser forzado a revelar aquello que consideras privado.

Te amo, reconozco, y a partir de este momento te muestro que tienes el derecho inalienable de elegir tu propio camino, aunque este no coincida con el mío. Desde este instante, te permito descubrir tu verdad interior por ti mismo, a tu manera; te aprecio sin condiciones, sin juzgarte, sin reprobarte, sin pedirte que actúes de acuerdo con mis expectativas, sin exigirte que te amoldes a mis ideales; tienes el derecho de ser tú mismo.

Te amo, y te valoro por ser quien eres, no por ser como yo quisiera que fueras. Confío en tu capacidad de aprender de tus experiencias y de levantarte de tus caídas, más maduro; tengo plena fe y absoluta confianza en tu poder como individuo.

Te amo, y gozo de la fortuna de poder comprometerme voluntariamente contigo, y a partir de este día respondo en forma activa a tu necesidad de desarrollo personal. Creo en ti cuando tú dudas; te contagio con mi vitalidad y mi entusiasmo cuando estás por darte por vencido; te apoyo cuando flaqueas, te animo cuando titubeas; te tomo de las manos con firmeza cuando te sientes débil; confío en ti cuando algo te agobia; y te acaricio con ternura cuando algo te entristece, sin dejarme arrastrar por tu desdicha.

Te amo, comparto tus alegrías y me regocijo contigo cuando te sientes dichoso. Me deleito en tu presencia, más no pretendo poseerte; disfruto de tu compañía, pero no deseo retenerte ni impedir tu vuelo. Paladeo el regalo de compartir en el presente, por el simple gusto de estar juntos, sin ataduras ni obligaciones impuestas, por la espontánea decisión de responderte libremente.

No te quiero mío, te amo tuyo, te amo, como amo a la brisa que viene y que va, y acaricia mi mejilla.

Te amo, y tengo la suficiente humildad como para recibir tu ternura y tu cariño sin representar el papel del que nada necesita; acepto con gusto lo que me brindas, pero no exijo que me des lo que no puedes o no deseas.

Te amo, y le agradezco a la vida el prodigio de tu existencia, pues siento tu presencia una auténtica bendición en mi sendero; gracias por ser.

Te amo, y precisamente por eso no dependo de ti, pues si dependiera no sería amor sino carencia, no dependo de ti, te amo.

Hoy disfruto de nuestro encuentro, sabiendo que cada día es una aventura incierta y que el mañana es una incógnita perenne. Desde hoy, vivo como si fuese el último día que puedo compartir contigo, de tal manera que cada reencuentro sea tan intenso y tan profundo como si fuese la primera vez que te tomo de la mano, y en esta forma hago que lo cotidiano sea siempre una creación distinta y milagrosa.

Me atrevo a mostrarte mi cariño espontáneamente a través de mi mirada, de mis gestos y sonrisas, de mi caricia firme y delicada, de mi abrazo vigoroso, de mis besos, con palabras francas y sencillas, te amo.

Te valoro por ser quien eres, aprecio tus riquezas interiores, aun aquellas que tú mismo desconoces. Veo tu potencial latente y desde hoy colaboro para que florezca la semilla que se encuentra dormida en tu interior. Tu desarrollo personal me importa honestamente, cuentas conmigo y desde este momento te permito descubrir tus capacidades creativas, y aliento tu posibilidad de dar todo el fruto que puedes dar; con gusto develo ante tus ojos el tesoro que llevas dentro, y coopero contigo para ser de esta vida una experiencia más rica y más llena de sentido.

Te amo, y también me amo a mí mismo y por eso, desde este día, también me atrevo a establecer mis propios límites, y a mantenerlos firmemente; me respeto a mí mismo y por ello con todo mi amor, no permito que transgreda mis derechos personales, ni que me ates, ni que coartes mi libertad para ser quien soy.

Te amo, y tengo tanta confianza en mí mismo y en ti, que sin temor a que nuestra relación humana se perjudique, desde este instante me siento en la libertad de expresarte mi enojo sin ofenderte, y puedo manifestar lo que me molesta e incómoda sin intentar hacerte daño o lastimarte; soy sincero, soy verás contigo.

Te amo, por eso también reconozco y respeto tus limitaciones y así te aprecio, pero no te idealizo. Comparto y disfruto los acuerdos y acepto los desacuerdos, y con absoluta certeza te digo que si llegara el día en que evidentemente nuestros caminos fueran incompatibles sin remedio, yo soy capaz de despedirme en paz y en armonía, de tal manera que ambos nos recordemos con gratitud por los tesoros compartidos.

Te amo, y al amarte veo en ti más que tu individualidad como persona; te percibo y te valoro como una expresión del hombre, como una manifestación palpable de esa esencia trascendente e intangible llamada Ser Humano, de la cual yo mismo formo parte.

A través de ti reconozco el milagro independiente de la Naturaleza Humana que es mi propia naturaleza, con toda su grandeza y sus limitaciones; a través de ti, pude apreciar tanto las facetas luminosas y radiantes de la Humanidad, así como sus lados oscuros y sombríos.

Te amo, y en ti amo al Ser Humano en su totalidad y amo la auténtica Naturaleza Humana tal como es.

Te amo, y al amarte a ti, me amo a mí mismo y me siento orgulloso de ser una nota digna y valiosa en la sinfonía de este mundo.

Martín Alfonso Villanueva Reinbeck

CAPÍTULO INTRODUCTORIO

MUJERES Y HOMBRES: CREADORES DE LA PAREJA ERÓTICA

-1-

Los seres humanos son esencial y básicamente creadores. Las capacidades y las cualidades creativas son las características distintivas que se derivan de las capacidades humanas para pensar, razonar, introspeccionarse y ejercitar la intuición creadora. Las capacidades creativas permiten a los seres humanos actuar y producir cambios en sí mismos y en todo el ambiente que les rodea. Las capacidades creativas son las dinámicas de cambios que impulsan a los seres humanos a recrear constantemente todas las formas de las realidades para hacer de ellas símbolos de sus propios sueños, fantasías y mitos.

La creación más trascendental de los hombres y de las mujeres como seres creadores no son las de contenidos materiales, como la electricidad y las tecnologías derivadas de ellas. El acto creador más hermoso, significativo y simbólico realizado por los seres humanos es la creación de la pareja erótica. Ella representa el valor humano más duradero en el tiempo, más palpitante en las cotidianidades de las personas y el

• • •

19

que ejerce mayor poder simbólico en su psicología y en sus interacciones con el medio ambiente.

-2-

Alguna forma de "pareja erótica" ha existido en toda la extensión de la historia humana. Vestigios de ella se encuentran en todas las mitologías de las culturas más antiguas. La antropología cultural egipcia, mesopotámica, fenicia, judía, griega, romana, etc., hacen algún tipo de referencia a la "pareja erótica", por lo general implicando diosas y dioses en "estado delirante de amor".

La "cultura amorosa" conteniendo alguna forma de "pareja erótica" ha tenido matices sociológicos diversos. Aun la práctica de la poligamia, matiz amoroso que dominó grandes estadios de la historia humana, representó algunas formas de "parejas eróticas". La poliandria y la poliginia, las dos vertientes de la poligamia, fueron las prácticas predominantes de todas las culturas antiguas. (Las dos vertientes se siguen practicando hoy día en algunas sociedades. En algunos pueblos de la India se practica la poliandria fraternal, mediante la cual una mujer desposada con un hombre se convierte en la esposa de todos sus hermanos nacidos y no nacidos. Un manto personal en el frente de la casa es la señal que indica con cual la mujer convive. La paternidad es reconocida por algunos de los esposos con un rito-ceremonia por el cual él reconoce la paternidad primaria, mientras los otros esposos se consideran padres secundarios. En la poliandria no fraternal, donde los maridos pertenecen a clanes y aldeas diferentes, la mujer acostumbra a pasarse una temporada con cada uno de ellos. La poliginia o un hombre poseer varias mujeres es aún más común. Es una práctica amorosa abierta en muchas sociedades de África, India y Medio Oriente.

La poligamia en sus dos vertientes, al igual que el patriarcado y el patriarcado derivados de ella, son culturas amorosas que representan simbólicamente a la pareja erótica.

Pero la pareja erótica monogámica tal y como se conoce y practica hoy en Occidente, donde sus participantes se eligen mutua y libremente, es un fenómeno histórico, cultural y sociológico que surgió y evolucionó junto a otro fenómeno que es el que le confiere a ella su ausencia y contenido: el nacimiento y evolución del amor romántico.

Julián Marías, en su libro "La Mujer en el Siglo XX", hace referencia a que el cortejo romántico o chichisbeo existió desde muy principio del siglo XVIII.

En las culturas románticas, las personas aceptan y viven, sin muchas inquietudes, el enamoramiento con sus contenidos y elementos. Y más aún, las personas toman como un hecho cotidiano, sin mucha importancia, el ritual de la conquista amorosa iniciada a través del cortejo. Pero la humanidad necesitó muchos siglos para alcanzar los niveles sofisticados que la cultura romántica exhibe. Sin hacer referencia a los largos estadios históricos ocupados por el salvajismo y la barbarie, ya en la llamada etapa de la Civilización, el amor erótico transitó por caminos tortuosos.

Algunos ejemplos: los matrimonios espartanos eran por captura o rapto. Las mujeres eran introducidas en un cuarto oscuro, y cada hombre cargaba con la mujer que agarraba. En Grecia, el trabajo pagado era un deshonor para las mujeres; ellas tenían los mismos derechos que un niño, y nunca alcanzaban la mayoría de edad. Los famosos filósofos Sócrates y Eurípides tenían cada uno dos mujeres para satisfacer sus necesidades eróticas, además de sus esclavas.

Existen explicaciones contradictorias respecto a la posición de la mujer en la Atenas Clásica. F. A. Wrigth (Feminism in Greek Literature), dice que en Atenas las mujeres eran despreciadas y estaban recluidas. A. W. Gomme expone una idea diferente en su libro "The Position of Women in Athens in the Fifth and Sixth a.c". Su posición ha sido seguida por Moses Hadas (Observations on Athenian Women), y por H. D. F Kito (The Greeks).

Herodoto dice que en la cultura babilónica toda mujer era obligada una vez en su vida a sentarse en el templo de Afrodita y tener relaciones sexuales con cualquier hombre que pasara y la escogiera. El hombre tiraba una moneda en el suelo y decía: "Yo te demando a ti en nombre de la diosa Mylita (los asirios la llamaban Afrodita)". Dicha moneda era sagrada y ella no podía rechazar la invitación. Todavía en la etapa histórica del Medievo, las novias tenían que pasar la primera noche de boda con una persona extraña a sus esposos.

El filósofo griego Epicuro admitía mujeres en su escuela en los mismos términos que los hombres. Diógenes fue el primer filósofo de la escuela de los cínicos que propugnó por una comunidad de mujeres que tomara en considcración su voluntad. Él dijo: "No recomiendo más matrimonio que el del hombre persuasivo con la mujer persuadida". Acciones estas que pueden considerarse vestigios opacos del cortejo en el amor cortesano que se sentó en el trono de la historia a partir del siglo XII de la era cristiana.

MITOLOGÍAS: LOS CELOS DE LAS DIOSAS

Las mitologías griegas y romanas influyeron definitivamente en los cambios de actitudes y de conductas amorosas. Helena, la diosa griega, desencadenó una guerra que duró diez años por el solo hecho de abandonar a su marido Menelao y marcharse con el príncipe troyano, Paris. Deyanira, diosa griega, asesinó a su marido. Y todos han leído u oído sobre el famoso complejo de Edipo y/o Electra. La historia se encuentra en "Agamenón", la primera obra de la trilogía escrita por Esquilo titulada "La Arestiada". En ella se revela que la diosa Clitemnestra asesinó a su marido, Agamenón, para quedarse con su amante, Egisto. En "Las Euménides", la parte final de la obra, Oreste, hijo de Clitemnestra, asesinó a su madre aconsejado por su hermana Electra para vengar la muerte de su padre. Este es el origen del llamado complejo de Electra, según el cual las hijas se enamoran de sus padres y odian a sus madres porque ellas poseen los objetos de su amor. El complejo de Edipo nació de la obra "Antígona", escrita por Sófocles. Allí se cuenta que Edipo mató a su padre, que él no sabía que lo era, y se casó con su hermana, de lo que él tampoco tenía conocimiento.

Un dato que indica el poder del erotismo en las culturas griegas y romanas es el siguiente: en las épocas Clásica y Helenística, las mujeres griegas se casaban a los 14 años y los hombres a los 30; en la Roma de Augusto, él estableció que la edad mínima para la mujer casarse era a los 12 años y los hombres a los 14 años.

Otro hecho que es necesario mencionar como factor influyente en el proceso de la creación y desarrollo de los vínculos eróticos mutuos y libremente elegidos impulsados por lazos ideacionales, es el advenimiento de grandes amantes, femeninos y masculinos, que traspasaron las expectativas amorosas de sus épocas. Haré mención de unos pocos empezando con Cleopatra. Ella es una de las mujeres más extraordinarias que ha parido la humanidad. Era una rosa de los burdeles de Alejandría, llegó a ser reina de Egipto y amante de un emperador y un general romanos: Julio César y Marco Antonio. Logró casarse con el último. No era una mujer excesivamente bella aunque sí atractiva. Su primer amante lo tuvo a los 12 años de edad, y a los 16 dominaba las técnicas del erotismo. Ella tenía un palacio para sus escarceos amorosos donde mantenía a sus amantes dándole drogas para aumentar sus poderes libidinales. Todos los que no la satisfacían eran expulsados de Egipto o asesinados. Cuando Marcos Antonio se suicidó, ella se vistió con sus mejores ropas y se quitó la vida dejándose morder por un áspid.

Teodora era la emperatriz de Constantinopla, esposa del emperador Justiniano. Llegó a ser considerada la mujer más liberada de todo el imperio romano. Cuando su marido, el emperador, promulgó una ley prohibiendo la desnudez en público, Teodora se paseó por las calles llevando como ropaje una pequeña cinta atada a su cadera.

La zarina rusa, Catalina la Grande, tenía a su servicio 21 amantes que estaban preparados para ser llamados a cualquier hora del día o de la noche para satisfacerla sexualmente. Además, mantenía un harén de 80 hombres entrenados en las técnicas del erotismo. Cuando uno de esos hombres no la satisfacía, en la mañana siguiente lo mandaba a decapitar.

Giovanni Casanova es famoso por sus amoríos. En sus memorias nombra 116 mujeres a las que sedujo, él dice que realmente fueron miles. Lo mismo sucedió con el Marqués de Sade quien dio origen a los términos sadismo, sadista, entre otros. En sus libros relata 600 variaciones del acto sexual practicadas por él. El místico ruso Gregori Efimovich, conocido como Rasputín que significa "libertino", canalizó su fervor religioso a través del sexo. Él era el consejero del zar Nicolás II y de la zarina Alejandrina. En realidad, él estaba detrás del poder de Rusia a través de la manipulación. Las nobles damas de la corte se disputaban sus favores, de lo que él se aprovechaba sexualmente.

Guillermo II dijo que en el siglo XIX, las mujeres estaban reducidas a las "3K": Kirche, Kinder y Kuche (iglesia, niño y cocina). Pero en el siglo veinte esta realidad cambió drásticamente.

Probablemente, el factor que ha impactado más poderosamente el desarrollo del amor romántico, y con él, la gran diversidad de matices, tipos y modelos de parejas eróticas que pueblan el romanticismo, lo sea el movimiento feminista. El reclamo femenino por una nueva cultura de los sexos, nuevas perspectivas del amor, igualitarias participaciones de los sexos en los espacios del amor, ha originado una revolución de la cultura amorosa, la cultura laboral y la cultura de las ciencias y las tecnologías. El amor romántico y la pareja erótica no han sido los mismos a partir del feminismo, aspecto al que volveré con más detalle. Alguna forma de "la pareja erótica" ha estado presente en las mitologías, en las prácticas amorosas de la poliandria, la poliginia, el matriarcado, el patriarcado, el amor cortesano, y formas diferentes y diversas de parejas eróticas que se han originado con la creación y desarrollo del romanticismo.

Posteriormente, explicaré mi concepto de pareja erótica, la cual depende de los hechos que se dan en el interior de sus interactuantes más que de la situación histórica de su "relación amorosa".

TIPOS Y MATICES DIVERSOS DE PAREJAS ROMÁNTICAS

-4-

Todavía existen culturas y subculturas en donde el romanticismo cuenta poco a la hora de sus habitantes formar parejas eróticas. Hay en algunos espacios culturales rastros del rapto de la hembra, de la poliandria, de la poliginia, de la formación de parejas eróticas por linajes sanguíneos, por la compra de las mujeres a sus padres o tutores, y muchas otras variantes.

Pero el amor romántico se ha impuesto como hábito amoroso en una gran porción de la humanidad. Y esta realidad ha originado diversos matices y tipos o modelos de parejas eróticas.

¿Cómo es posible que haya existido a lo largo de toda la historia humana alguna forma de "pareja erótica" sin la existencia del amor romántico? La primera respuesta que ofrece alguna claridad a este asunto está relacionada con el fenómeno de la sexualidad. Los seres humanos son seres sexuados, y todavía no se han inventado las fórmulas adecuadas para pretender lo contrario, aun cuando existan algunos métodos para suprimir la sexualidad. La sexualidad es la expresión externa de lo que los seres humanos son, en esencia e ineludiblemente, seres sexuados. En los seres humanos, como en otras especies, la motivación sexual es más fuerte que los conocimientos de los propósitos de la sexualidad. Se dice, por ejemplo, que un propósito básico de la sexualidad ha sido y es la preservación de la especie, pero sabemos que los seres humanos tenían sexo en los tiempos cuando desconocían que la reproducción era el producto de sus actos sexuales y, por el contrario, la atribuían a los dioses. Las mujeres en esos estadios culturales eran seres privilegiados a quienes los dioses les daban la potestad de producir otros seres, potestad que los hombres desconocían poseer. Los hombres y las mujeres no asignaban poderes reproductivos a sus actos sexuales, pero sí practicaban la sexualidad. Después del conocimiento del poder reproductor de la sexualidad, los poderes de los sexos tomaron otros rumbos, y las "parejas eróticas" desarrollaron otras características.

El origen y desarrollo del amor romántico creó nuevos matices y tipos de parejas eróticas. Con el amor romántico surgió el ritual de la conquista, por ejemplo, fenómeno que es componente de su esencia. El ritual de la conquista requiere que los amantes ejerzan su voluntad para elegirse, se idealicen mutuamente, y que apliquen algunas técnicas o métodos para conquistarse y transformarse en objetos mutuos de amor. Pero además, con el amor romántico apareció ese otro fenómeno enigmático y sofisticado que es el enamoramiento con sus diversos contenidos y elementos. El amor romántico es uno de los más grandes fenómenos evolutivos de la humanidad. Su creación y desarrollo ha impactado todas las formas de relaciones e interacciones humanas.

Los matices y tipos de parejas eróticas que tenemos hoy en el escenario del romanticismo van desde las parejas cerradas o abiertas, formales o informales, tradicionales o liberales, complementarias o igualitarias, etc. De hecho, existen tantos matices y tipos de parejas eróticas como parejas eróticas en sí mismas. Cada pareja construye sus propios espacios psicosociológicos con los que se siente cómoda.

LA PAREJA: UN ARCOÍRIS LLENO DE TIPOLOGÍAS

-5-

Cuando dos personas entran al ciclo procesal del amor erótico también empieza la creación un modelo de pareja erótica. La primera responsabilidad de la primera etapa del amor erótico, el enamoramiento, es el inicio de la creación de algún modelo de pareja. Las experiencias de aprendizajes de amor que dan origen a todos los tipos de amor imprimen el mensaje de la pareja en el código genético del amor erótico. La pareja erótica está en embrión en el curso de todas las etapas por la que atraviesa la escuela que enseña el amor erótico. Y adquiere categoría sociológica con la decisión racional que sus participantes adultos hacen. En sus formas sociopsicológicas, la pareja erótica es un acto de creación de sus participantes. Ella es el resultado consciente de dos personas que deciden transitar los ciclos o etapas del amor. Caminar las etapas del amor es un trabajo consciente y lúcido relacionado con la voluntad, las motivaciones, los deseos, los sentimientos y las percepciones de las personas involucradas en esta actividad. **Los actos de amor de los adultos** son una prolongación y transferencia de sus aprendizajes de amor iniciados en la infancia, y la cultura amorosa de ambos implica la creación de la pareja erótica. Debo aclarar que mi concepto de pareja erótica es diferente al concepto de matrimonio. Dos personas pueden crear un matrimonio sin transitar las etapas del amor. Dos personas pueden crear un matrimonio sin amarse. La sociopsicología del matrimonio tiene poca relación con la sociopsicología de la pareja erótica.

Las experiencias de aprendizajes de amor cubren todo el proceso del desarrollo, pero el amor erótico y la creación de la pareja erótica son actos de libre decisión adulta. Una característica esencial que predomina en las parejas eróticas es la diversidad. Una diversidad que muchas parejas eróticas manifiestan en sus diferencias genéticas, parejas heterosexuales; otras manifiestan diversidades raciales, de edades, educativas... La diversidad es el matiz básico que sobresale a las apariencias de las parejas eróticas.

La diversidad de la pareja erótica está relacionada con su origen y su naturaleza, es decir, con las características de sus **modelos en la cultura romántica.** Ellos representan un arcoíris lleno de tipologías. Hay tantos matices y tipos de parejas eróticas como parejas existen en el escenario de las relaciones amorosas. Cada pareja crea y desarrolla su propio estilo o matiz para vivir el amor erótico.

Para fines de estudio del fenómeno psicosocial llamado pareja erótica, he dividido su diversidad tipológica en seis categorías comparativas. Cada pareja que existe en los espacios de las relaciones románticas reúne algunas de las siguientes categorías tipológicas.

Parejas formales frente a parejas informales. En la cultura occidental hay una marcada presión social, encarnada en los grupos socializadores como la iglesia, la escuela, la familia, hacia la formación de las parejas formales. Las parejas formales son aquellas que asumen los lazos legales y/o religiosos como los vínculos culturales básicos que definen su relación. Los participantes de las parejas eróticas formales perciben sus interacciones amorosas dentro de los marcos socioculturales que definen y orientan sus vínculos o lazos afectivos. Por eso la primera realidad que aflora a las mentes de sus miembros en los momentos conflictivos de sus interacciones es el divorcio, aun con las grandes cargas de ansiedades que este genera. Algunas formas de "pareja erótica" formales existían antes del surgimiento del amor romántico. Y ellas en cierta medida siguen predominando enmarcadas dentro de una amplia gama de matices biopsicosociales.

Millones de parejas solo se sienten seguras en los modelos de parejas eróticas formales. Y ellas no se perciben amando, interactuando amorosamente, formando parejas eróticas con otras personas, fuera de los modelos formales de pareja. Muchas parejas eróticas necesitan los modelos formales por razones económicas y socioculturales. En muchas culturas, los modelos formales de parejas eróticas son necesarios para la formación y desarrollo de la familia nuclear y extendida. En cierta medida, todos los otros modelos de parejas eróticas descritos en este trabajo dimanan de uno de estos dos polos: parejas eróticas formales frente a parejas informales. Los modelos de parejas eróticas formales siguen siendo atractivos para millones de personas, aun cuando casi en todas las culturas la mitad de las personas que los asuman como estilos preferidos para amarse terminan disolviendo la relación amorosa. Muchas de ellas reinciden en los modelos formales, mientras otras experimentan con modelos informales.

Parejas tradicionales frente a parejas liberales. Los énfasis que hacen estos tipos de parejas eróticas están relacionados con los papeles que sus miembros asumen en los espacios de sus vínculos románticos. Y más específicamente, aquellos papeles que tienen que ver con las diferencias de géneros. Las tendencias que siguen la mayor parte de las culturas humanas están orientadas hacia la formación y desarrollo de las parejas eróticas liberales. Las parejas eróticas tradicionales son cada día menos atractivas para las nuevas generaciones de amantes. Pero todavía existe una lucha de poderes entre los matices tradicionales y liberales en la creación de las parejas eróticas. Hay batallas de fuerzas resistentes, unas que defienden la incorporación de nuevos valores al interior de las parejas eróticas, y las otras que se oponen y prefieren mantener valores tradicionales en sus vínculos de amor. El sexo femenino ha jugado un papel protagónico en favor de la incorporación de papeles liberales en el seno de la pareja erótica. Y aunque hay millones de personas que se sienten cómodas dentro de las relaciones románticas tradicionales, una gran porción de las nuevas generaciones de amantes prefieren los modelos liberales de parejas eróticas en algunos de sus matices.

Parejas cerradas frente a parejas abiertas. Fueron las esposos O'neil quienes introdujeron el concepto de "matrimonio abierto" en el lenguaje de las relaciones amorosas. Creo que su libro es uno de los más novedosos e interesantes de todos los publicados en esta área en los últimos años. Desde mi propia perspectiva las características básicas que orientan estos modelos de parejas eróticas son los hechos que definen las posibilidades que sus miembros se permiten como parte de sus vínculos de amor. Específicamente, aquellas posibilidades relacionadas con la unicidad, la identidad y la individualidad de sus participantes. Las parejas abiertas en comparación con las parejas cerradas, están llamadas a ejercer en grados máximos los compromisos del amor al mismo tiempo que cada compañero ejerce la autoridad de su identidad, unidad e individualidad. Cada día hay más parejas que asumen estos retos en las prácticas de su amor. Estos modelos de parejas eróticas requieren que sus participantes manifiesten una gran sensibilidad, una identidad bien establecida y profundamente enraizada.

Parejas ocasionales frente a parejas permanentes. Muchas parejas se sienten cómodas en estos modelos de parejas eróticas, cuyas características esenciales se revelan en las frecuencias de sus encuentros amorosos. Los modelos de parejas ocasionales han dado origen a grandes amores, que hoy son parte de la literatura universal. Ellos son propios de las personas que no les interesa desarrollar vínculos afectivos profundos con otros seres humanos, o que han elegido amar sin envolverse con carácter permanente. Las personas capaces de practicar a niveles satisfactorios los modelos de parejas eróticas ocasionales son minorías, aun cuando estos resultan atractivos para muchos amantes. La etapa del amor llamada pasión es ejercida con intensidad en los modelos auténticos de parejas eróticas ocasionales. Los denominados romances extramaritales son ejemplos de modelos de parejas eróticas ocasionales.

Parejas transitorias frente a parejas estables. Las características básicas en estos modelos de parejas eróticas definen los compromisos mutuos que sus participantes asumen; las expectativas mutuas para tomar decisiones; los espacios de integridad que cada uno le permite al otro, o por el contrario, la ausencia de estos elementos en los vínculos amorosos de la pareja. Es común que la pareja o miembro de ella, requiera la estabilidad en contraposición a la transitoriedad en el proceso de la definición de sus afectos. Las características de estos modelos de parejas eróticas son las primeras que afloran, y las que orientan las relaciones amorosas hacia otros modelos más complejos o las desvanecen hacia modelos de menos complejidad. Para millones de personas, las precepciones del amor como un hecho transitorio es una realidad inaccesible. Los lazos amorosos con algún matiz de estabilidad son altamente llamativos para la gran mayoría de las personas que se deciden por la práctica del amor erótico. La capacidad amatoria una vez desarrollada parece tener carácter de permanencia, aunque las historias de los objetos de amor elegidos por las personas señalan hacia la transitoriedad del amor. Pero la ilusión de la permanencia de los objetos del amor o de las personas que se aman sigue teniendo un contenido alucinante para los amantes. Y los seres humanos se aferran a esa ilusión a pesar de las pesadillas ocasionales que ella provoca.

Parejas complementarias frente a parejas igualitarias. Ambos modelos de parejas eróticas permiten a sus participantes tomar en serio el hecho amoroso, actuar con responsabilidad en la creación y desarrollo de la pareja erótica, y tomarse en serio como personas. Las características básicas de estos modelos de parejas se originan en los rasgos de personalidad de sus miembros, y más específicamente, cómo manejan sus diferencias, sus gustos, sus expectativas como individuos, el ejercicio que hacen de sus vidas, y las decisiones que toman relacionadas con sus vidas.

¿Es o no histórico el amor romántico? Mi concepto de pareja erótica está relacionado con las respuestas a esta pregunta. Un estudioso de la fenomenología del amor que planteó la historicidad del romanticismo fue Henry T. Finck, en su libro *"Romantic and Personal Beauty"* (1987). William James criticó la posición expuesta por Finck *("The Nation"*, 45, 1887: 237-238), porque él no creía que las emociones propias de la atracción amorosa pudieran ser de origen reciente. De acuerdo a James, el amor romántico no trajo un nuevo sentimiento, sino un cambio en la forma en que estos sentimientos eran considerados. Lo que cambia con el amor romántico es su importancia como parte de las experiencias vitales de las personas. Ochenta y tres años después, Suzanne Lilar estaba de acuerdo con James. En su libro *"Aspects of Love in Western Society"* (1965), ella se opone a la idea de deRougemont, según la cual el amor romántico surgió por primera vez en el siglo XII. Ella comenta que ya en Homero hay dos clases de amor: uno romántico y el otro de amistad. De acuerdo a Lilar, el amor romántico no puede ser un fenómeno histórico, sino un dato primitivo de la condición humana.

La idea de que el amor romántico se creó y desarrolló históricamente no significa que el amor erótico como experiencia vital de las personas surgió en un estadio preciso de la historia humana. El amor romántico es un componente complejo de conductas, y no hay evidencias de que ese componente complejo de conductas existiera en las "relaciones amorosas" de las personas antes del siglo XII. No existió ni siquiera en la cultura primitiva en las cuales la mujer era una diosa para el hombre debido a que ella traía al mundo otros seres procreados por los dioses en sus vientres. Tampoco existió en las culturas egipcia, hebrea, griega, romana, civilizaciones con bases patriarcales en la familia, en donde la concepción anterior se invirtió: la mujer llegó a ser agente pasivo de reproducción, y la semilla masculina se transformó en la única portadora de la vida; la mujer era tan solo un terreno donde la semilla masculina era cultivada. Las ideas de estas culturas fueron las que se impulsaron en Occidente. En la cultura oriental, en países como Japón y China, el amor romántico se reprime para darle supremacía al matrimonio. En esas culturas el matrimonio es más un asunto de contrato entre las partes afectadas, específicamente las familias, que de atracciones románticas de las parejas. Hay un aforismo asiático que dice que "en Occidente se enamoran y luego se casan; en Oriente nos casamos y luego nos enamoramos".

¿Cuáles factores son necesarios para la creación y desarrollo del romanticismo como conducta predominante en las relaciones amorosas de las personas? Vernon W. Grant, *"Enamorarse"* (1979), expone algunos con los que yo estoy de acuerdo. Él dice que el **ocio** debe florecer en las sociedades donde la concepción romántica se desarrolla, ya que las **tareas románticas forman parte del recreo emocional. El romanticismo es una sofisticación** de la parte afectiva de la personalidad por un lado, y del desarrollo cultural por el otro. La **adquisición del poder** para elegir la pareja fue el segundo factor. Lo esencial en el amor romántico es el poder que cada miembro de la pareja tiene para elegirse o rechazarse mutuamente. Por tanto, el desarrollo de la filosofía de la libertad del individuo sobre la sociedad ejerció una influencia poderosa en la creación y desarrollo del romanticismo. En sus inicios, el **estatus social de las personas** fue un tercer factor favorable al amor romántico. Muchas mujeres de la nobleza durante las etapas del amor cortesano y del amor caballeresco en la Europa Medieval, practicaron algunas formas de romanticismo. Fueron las élites de la Europa Medieval quienes desde la matriz del amor cortesano y del amor caballeresco originaron los primeros prismas del amor romántico. En el periodo clásico de Grecia, los hombres se enamoraban de las cortesanas, pero no de las mujeres con que se casaban. Los sentimientos románticos aparecieron primero en la literatura popular o romances de la Edad Media en Francia, y se referían exclusivamente a relaciones extramatrimoniales o ilícitas. Luego en la vida real durante el amor caballeresco, los trovadores cantaban canciones de amor a las mujeres de alta cuna, cuyos amores recibían como recompensa por sus grandes esfuerzos. El amor cortesano introdujo el cuarto factor: **la idealización del objeto amoroso** y lo gradual e indirecto de su realización. La mujer empezó a ser valorada por su belleza, lo que originó la estética del amor romántico.

Ya en el siglo XVI, el amor romántico introdujo sus raíces en el matrimonio, de lo que el romance amoroso de Enrique VIII y Ana Bolena es un ejemplo. Los matrimonios por elección más que por intereses familiares empezaron a predominar en las clases superiores de Francia en los siglos XVII y XVIII, y las uniones con sentimientos románticos comenzaron a abrirse camino entre la clase media también. Primero en las uniones amorosas ilícitas, luego en los matrimonios legales. Hoy en Occidente, las diversidades de parejas eróticas existentes tienen sus bases en el amor romántico.

¿Cómo crear y desarrollar algunos de los matices y tipos de parejas eróticas brevemente señalados en este capítulo introductorio? Este libro es un intento de respuesta no solo para los modelos básicos de parejas eróticas presentados sintéticamente aquí, sino que además, tiene la pretensión de ser un abanico de respuestas lo suficientemente amplio como para que a través de él entren los millones de modelos de parejas que los amantes crean con sus prácticas de amor. La tarea de crear y desarrollar parejas eróticas cómodas y satisfactorias es compleja, y no tiene fórmulas específicas y únicas. Algunas ideas generales que serán desarrolladas en el libro son las siguientes:

Primero, cada participante de la pareja tiene que decidir como individuo qué es lo que quiere. ¿Amar a otro ser dentro de una relación erótica? ¿Vincularse afectivamente con otra persona? ¿Formar algún tipo de pareja erótica con otro ser? Encontrar lo que se quiere en término de pareja erótica no es fácil, porque esa búsqueda está ligada a las tareas de la propia vida, y además, porque la mayor parte de las personas aprenden lo que quieren en estos menesteres con la práctica, con sus vivencias amorosas, en el ejercicio de ensayo y error.

Segundo, desde mi perspectiva, la práctica experiencial para aprender lo que se quiere en término de parejas eróticas está justificada solo si las personas no utilizan a sus parejas como muletas. Y desde el inicio de los vínculos ambos están capacitados económica, social y psicológicamente para participar en dicha experiencia de aprendizaje. Y entonces los dos lo deciden racionalmente, eligiendo el tipo de pareja que más se adecúe a sus necesidades.

Tercero, en los siguientes capítulos del libro se explican los **cuatros factores básicos** que están relacionados con los modelos de parejas eróticas que los amantes crean y desarrollan: **los rasgos de su personalidad**, con énfasis en los elementos de la identidad, de la autoestima o concepto de sí de cada uno; **los contenidos de la comunicación,** con énfasis en cómo se comunican emocionalmente, los grados de su entonación psicológicas, y cuál es su capacidad de comunicación verbal y física; **la práctica de la sexualidad,** con énfasis en las actividades, los prejuicios, los valores, los gustos, los conocimientos y los desconocimientos de ella, las percepciones hacia el cuerpo físico, el placer corporal, los órganos genitales, el acto sexual, etc.; **y los criterios u orientaciones de vida,** con énfasis en las creencias, los valores, las normas que definen los puntos álgidos de los participantes en la relación amorosa.

Cuarto, en el libro se enfatizan los siguientes conceptos: los matices y los tipos de parejas eróticas que definen y orientan las prácticas del amor erótico. A partir de su creación en los espacios psicosociales de las parejas, el amor erótico se desarrollan en cuatro etapas perfectamente discriminadas con sus características respectivas: **el enamoramiento, la pasión, el romance - intimidad y los compromisos**. Estas son las cuatro secciones en las que el libro se divide. La participación o no participación de los contenidos y los elementos de estas etapas del amor erótico definen los matices y tipos de parejas eróticas que los involucrados crean y desarrollan.

Y por último, los modelos o tipos de parejas eróticas con su diversidad de matices los crean sus participantes con sus prácticas de amor. El gran dilema consiste en que muchas personas, quizás la mayoría de las que optan por ese estilo de vida, no logran crear y desarrollar tipos de pareja con las que se sientan cómodas.

CAPÍTULO I

EL ENAMORAMIENTO: LA EMOCIÓN AMOROSA Y LA ATRACCIÓN ERÓTICA

"La primera vez que te vi, Betsy, mirando las vitrinas de aquella tienda de ropas femeninas, pensé que la inocencia te brotaba por los poros, como a la Mona Lisa de Leonardo. Ese vestido amarillo que llevabas formaba una empatía simétrica con tu cuerpo y tu personalidad. Cuando me acerqué, tu piel expedía una fragancia exorcizante. Tus movimientos lentos dibujaban las líneas indescifrables de tu figura oculta. Había ternura en tus miradas. Penetrantes eran. Y sentí que examinaron mi sistema nervioso. Que tomaron radiografías a mis emociones y a mis sentimientos. Mi cuerpo y mi personalidad se desnudaron. Y regresé a la adolescencia. Me torné un púber inconcluso. Lleno de fobias a los cuerpos. No hubo palabras. Tampoco fueron necesarias. La comunicación oral pierde sentido frente a la hipnótica mirada de los cuerpos. Te vi como una diosa, Betsy, y yo jamás me imaginé usurpando los tronos de las diosas...". (De una novela inédita escrita por el autor de este libro).

En mi libro *"La psicología del amor y/o Aprender a Amar"*, Vol. 1, yo digo que "amar es la conducta general o componentes complejos de conductas que definen las relaciones que establecen las parejas eróticas". Esta definición sigue siendo apropiada para este libro.

"Los componentes complejos de conductas" definidos como amor se desarrollan en cuatro etapas en cualquier relación amorosa que cumpla el ciclo procesal del amor: **el enamoramiento, la pasión, el romance - intimidad y los compromisos.** Estas cuatro etapas del amor con sus contenidos y elementos característicos, son las cuatro secciones en las que este libro se divide.

Esta primera sección transita por la **etapa del enamoramiento.** En el mismo libro de referencia yo digo que "toda experiencia de amor erótico empieza por algún grado de enamoramiento, es decir, de atracción, de encanto. La práctica del amor erótico en pareja comienza por la percepción, en ambas partes, de valencias eróticas positivas. Son estas valencias eróticas positivas las que permiten a los miembros de la pareja abrirse espacios en sus vidas respectivas...". Esta definición de enamoramiento sigue teniendo vigencia para los fines de este libro.

-2-

Los dos componentes o elementos básicos del enamoramiento son: **la emoción amorosa y la atracción erótica.** En el primer volumen de ***La Psicología del Amor,*** yo defino la **atracción amorosa** como "el acercamiento a, el aproximarse a, fijarse en, embelesarse de, deslumbrarse por otra persona en término erótico. Este proceso va acompañado generalmente de: 1) ciertas **experiencias o vivencias positivas** (placenteras, agradables) en quien siente la atracción; y 2) **de percepciones** también positivas en él o la atraído(a) provocadas por cualidades físicas o de otras índoles, en la persona objeto de la atracción...". Los estudiosos de la conducta amorosa difieren en las explicaciones que ofrecen acerca de la emoción amorosa y la atracción erótica o sexual, pero antes de entrar a fondo en el tema, examinaré otro fenómeno que está próximo al enamoramiento porque pertenece a sus contenidos. Me refiero al ritual de la conquista.

-3-

• • •

Pocas personas entran al ciclo procesal del amor "flechadas por Cupido" de manera instantánea. Hay algunas que lo logran y desarrollan modelos de pareja satisfactorios; otros también lo alcanzan y desarrollan modelos de parejas no tan satisfactorios.

Pero generalmente, la mayoría de las personas entran al ciclo del amor a través de algún grado de participación en el **ritual de la conquista.** Cada lector que ha tenido la oportunidad de crear algún modelo de pareja con grados de mutuas satisfacciones sabe a cuál experiencia me refiero. No es posible crear la **experiencia vital de amor** porque ella viene dada en los procesos de la vida, pero sí es necesario recrear **las experiencias de aprendizajes de amor** en las prácticas amorosas adultas. El ritual de la conquista es la primera recreación de las experiencias de aprendizajes de amor a la que la posible pareja se enfrenta. El ritual de la conquista es parte de la ceremonia que da inicio al enamoramiento.

Los reinos de las apariencias. La ceremonia que da inicio al enamoramiento puede tener matices diferentes dependiendo de la personalidad y el carácter de sus practicantes. Pero todos ellos entran de alguna manera a los reinos de las apariencias. **El cuidado del cuerpo** cobra una importancia fundamental entre los participantes del ritual de la conquista, de ahí la preocupación por lucir atractivo, radiante. El cuerpo se transforma en una caja llena de fantasías. En mi preadolescencia tuve un amigo que todos reconocíamos era el menos atractivo físicamente en toda la vecindad. En una fase de su vida entró en el ritual de la conquista, y yo recuerdo una tarde que me saludó y apenas lo reconocí: se había puesto tanta brillantina en su cabeza, y polvo en su cara que en realidad estaba transformado.

La psicología de la complacencia. Esta es otra característica esencial del ritual de la conquista. Ella permite que las personas manifiesten buenos modales y desprendimiento económico hacia las personas objetos de la conquista.

Las máscaras de la personalidad. Durante el ritual de la conquista, las personas desarrollan gustos y preferencias inusitados, participan de actividades sociales que en otras circunstancias les resultarían terriblemente aburridas, y se olvidan por un momento de sus propias preferencias.

Ilusiones románticas. Esta característica del ritual de la conquista contiene mucha intensidad afectiva. Y cuando las dos personas han cumplido el ciclo del ritual de la conquista, ambas están preparadas para entrar a la primera etapa del amor: **el**

enamoramiento. Porque ya los dos están psicológicamente convencidos de la mutualidad o reciprocidad de su conquista. Y se sienten con niveles adecuados de seguridades emocionales como para dejarse mover por sus ilusiones románticas mutuas.

-4-

La sección del enamoramiento la introduce con las ilusiones románticas del protagonista hacia Betsy. Es claro que esa persona está atravesando por la fase del enamoramiento que yo denomino "encantamiento". Sus percepciones y sus emociones están infatuadas, al igual que sus sentidos. El encantamiento produce los mismos resultados que una buena hipnosis, o los que producen una droga alucinógena. Muchas parejas enamoradas pasan por la fase de enamoramiento llamada **fusión de personalidad.** Las barreras de sus yoes se derrumban, y los dos seres se transforman en una sola persona. El párrafo de la novela que introduce este capítulo hace referencia a un hombre que está en la fase **paranoica** del enamoramiento. Betsy era una diosa caída de los cielos.

¿Qué es lo que impulsa a los humanos a la búsqueda de las experiencias que el enamoramiento produce? Para algunos, el origen de esta necesidad se encuentra en **la relación simbiótica que todos tuvimos con nuestras madres**, o con las personas que las representaron. Dicha teoría señala que es básicamente en esa realidad donde se encuentran las diferencias genéticas en las vivencias del enamoramiento. **Otros enfocan sus génesis en las imágenes simbólicas primarias,** como los matrimonios sagrados de las divinidades de los pares hermanos-hermanas que se relatan en las mitologías. **Para algunos teóricos, este es un fenómeno exclusivamente biológico que responde a las necesidades sexuales de las personas.** De acuerdo a esta última perspectiva, lo único que ha cambiado a lo largo de la historia son las modalidades del fenómeno, no su esencia.

-5-

La realidad del **enamoramiento** con sus **dos elementos básicos: la emoción amorosa** y la **atracción erótica** es un fenómeno complejo. Pero dicho fenómeno parece ser absoluta e imprescindiblemente necesario en el proceso que lleva a las personas a entrar en el ciclo del amor, es decir, a vencer sus autofobias y fobias externas, y lograr incorporarse al **milagro de la intimidad.**

● ● ●

Las opiniones acerca de **la emoción amorosa y la atracción erótica o sexual,** los dos componentes básicos del enamoramiento, se dividen en tres teorías fundamentales: 1) la que explica la emoción amorosa como el sexo transformado, elaborada por **Havelock Ellis;** 2) la que la explica como sublimación placentera, por **Sigmund Freud;** 3) y todas las teorías que se basan en la existencia de dos motivos diferentes, la emoción amorosa por un lado, y la tracción sexual por otro. El autor de la última hipótesis es **Albert Moll,** contemporáneo de Freud y Ellis.

Para Ellis, aunque existen diferencias entre la emoción amorosa y la atracción o impulso sexual, ambas están estrechamente conectadas. Es el deseo de la unión genital lo que despierta o provoca la emoción amorosa. En opinión de Ellis, el amor romántico o erótico es esencialmente sexual. Freud tenía el mismo pensamiento, pero con una marcada diferencia: la atracción sexual solo puede transformarse en emoción amorosa si la primera es obstaculizada en sus inicios. Si el impulso o deseo sexual se consuma o realiza rápidamente, la emoción amorosa no nace. Para que la atracción sexual se convierta en amor necesita ser bloqueada o sublimada cuando las personas empiezan a experimentarla. Moll explicó que había una marcada diferencia entre la atracción sexual y la emoción amorosa. Según su teoría, la emoción amorosa nace primero que la atracción sexual o genital. Las personas se enamoran antes de ser atraídas sexualmente y, en algunos casos, antes de estar capacitadas para tener actividades genitales adultas.

Todos los énfasis posteriores respecto a la emoción amorosa y la atracción sexual se basan de alguna manera en esas tres grandes categorías teóricas. **Theodore Reik** explicó que la emoción amorosa está estrechamente relacionada con la atracción sexual, pero que no pertenece a la misma categoría. La emoción amorosa pertenece al mundo mental del yo, a las necesidades o frustraciones del yo. Para Reik, antes de que una persona se enamore debe estar insatisfecha consigo misma; debe encontrar a otra persona que tenga algunos de los rasgos que ella desea y que represente la idea que ella tiene de sí misma. La persona que provoca la emoción amorosa es un espejo que proyecta la imagen que la persona que emite la emoción le gustaría proyectar. De acuerdo a la teoría de Blau, la experiencia de enamorarse se da cuando una persona, la que se enamora, ve en la otra el tipo de persona que a ella le gustaría ser, y viceversa. Una persona insatisfecha es percibida por otra como si la primera hubiera ya alcanzado su plena realización.

Algunos investigadores han hecho énfasis en lo que se ha llamado la estética de la emoción romántica y/o erótica. Es el caso de **Finck** y su libro sobre romanticismo, amor y belleza; **Alfred Binet** se interesó en los factores estéticos que hacen a una persona atractiva sexualmente, además de ser el padre de las pruebas de inteligencia; **Erich Fromm** enfatiza la experiencia repentina y explosiva del enamoramiento y de la intimidad. Otros estudiosos del fenómeno amoroso no incluyen la emoción en sus listas de los significados de la palabra amor. Es el caso de **Rollo May** y su famoso libro *"Love and Will"*, aunque parece que él iguala la emoción amorosa con el impulso sexual y/o el impulso a procrear o crear formas más elevadas de ser y de relacionarse, que son algunos de los significados del término amor que él ofrece. Según May, el amor "es el impulso hacia la unión con lo que necesitamos: unión con nuestras posibilidades". A través del amor descubrimos nuestra propia autorealización, y le damos forma al mundo. **Karl Menniger** observa una diferencia básica entre la emoción amorosa y la atracción sexual: la primera implica a las personas como totalidades, como conjuntos, mientras que la segunda solamente involucra las partes. Para **Suzanne Lilar**, el fenómeno romántico "es una fatalidad... un estado sagrado del ser"; mientras **Sadler** lo define como "una trascendencia existencial".

El doctor **Vernon W. Grant** enfatiza algunas diferencias entre la emoción amorosa y la atracción sexual. "El factor estético o la respuesta a la belleza personal se ha considerado como el elemento central de la atracción amorosa", dice él. Además, existe una diferencia cualitativa entre estas dos emociones. Los impulsos de la emoción amorosa quedan satisfechos con la presencia del objeto del amor, mientras que la atracción sexual introduce un cambio perceptivo o juego que los amantes deben satisfacer. **La emoción amorosa** está relacionada con los rasgos que despiertan el atractivo artístico, de la misma manera que sucede con la apreciación del arte, particularmente, las facciones del rostro, las manos, el cabello; la **atracción sexual** se relaciona con las partes del cuerpo que despiertan interés sexual. La emoción amorosa se explica mediante la distinción de lo que se ha llamado "amor verdadero", mientras que la atracción sexual es una emoción ligada a lo que se llama "apasionamiento". Por último, el doctor Grant destaca el rasgo selectivo de la emoción amorosa. Ella empieza con la elección, mientras que la atracción sexual puede ser fuerte antes de cualquier elección de un objeto para satisfacerla. Es claro que el doctor Grant pertenece al grupo teórico de Albert Moll, es decir, a los estudiosos que opinan que existen dos tipos diferentes de emociones: las amorosas y las eróticas.

Un grupo de investigadores le niega validez a la emoción amorosa o enamoramiento en el marco de lo que ellos llaman el "amor verdadero" en contraste con el "amor falso". Entre estos teóricos se encentran el doctor Peck y el doctor Katz, a los que volveré más adelante.

Desde mi propia perspectiva, **la emoción amorosa es la parte estética del enamoramiento, mientras que la atracción erótica es el componente sexual del mismo.** Ambas son esencias que forman parte vital de una misma realidad. ¿Cuál es esta realidad, cuya comprensión es básica para poder entender el concepto general denominado amor erótico? **Primero**, la realidad de que el amor erótico es en esencia diferente en términos de sus objetos a los otros tipos de amor. **Y segundo**, la realidad en la que se fundamenta este libro: el amor erótico se realiza en un ciclo procesal que implica cuatro etapas entrelazadas e interdependientes, pero perfectamente discriminadas dentro de los tipos o modelos de parejas eróticas que ellas crean.

Los contenidos y las formas de la emoción amorosa. Los contenidos de la emoción amorosa están resumidos en el hecho del enamoramiento, un fenómeno profundamente complejo. Entrar de repente al ritual de la conquista, practicar el cortejo, participar del ritual de la seducción, y quedar probablemente al final embelesado (a), encantado (a), es uno de los grandes misterios que pertenecen al amor erótico romántico, y que no tienen explicaciones totalmente satisfactorias.

Los contenidos de la emoción amorosa están resumidos en la estética del amor; ellos son las esencias sentimentales, emocionales y perceptivas que tienen categorías experienciales en la personalidad de los enamorados. Todo aquel que está enamorado sabe que lo está. A la persona enamorada no le cabe la más mínima duda de **su experiencia de enamoramiento. Esas formas de experiencias vitales de amor son los contenidos de la emoción amorosa** referida al amor erótico.

¿Y cuáles son **las formas de la emoción amorosa? Las experiencias de aprendizajes de amor** expresadas en conductas, en actos, en gestos. Estas experiencias de aprendizajes de amor se inician en la infancia y adquieren categorías sociológicas en la adultez. Yo denomino **gestos o actos amorosos** a esa amplia variedad de experiencias de aprendizajes de amor en la vida adulta. La mayoría de las personas adultas quedan atrapadas y confundidas no por el enamoramiento en término de sus contenidos, sino por sus experiencias de aprendizaje de amor, es decir, por las formas de la emoción amorosa expresadas en los gestos amorosos cotidianos aprendidos en el proceso del desarrollo y comunicadas en la vida adulta.

Los amantes expresan marcadas diferencias en las formas de la emoción amorosa. Los gestos amorosos dependen menos de las experiencias del enamoramiento (que son prácticamente las mismas en todos los seres humanos con algunas diferencias marcadas por la personalidad, los aprendizajes previos), que de las experiencias de aprendizaje de amor. Las experiencias de aprendizaje de amor tienen infinitos matices sociopsicológicos.

-7-

Emoción amorosa y personalidad. Tanto las **experiencias** vitales del enamoramiento o **contenido** de la emoción amorosa como las **experiencias de aprendizaje** de amor **o formas de la emoción** amorosa están profundamente influenciadas por los rasgos en la personalidad de las personas que las expresan.

• • •

Los reinos de la estética expresados tanto en las formas como en los contenidos de la emoción amorosa están enraizados en el yo o identidad de las personas. Son los **contenidos** de la emoción los que ponen a delirar a los amantes. Cuando el yo es encontrado por la magia de los contenidos de la emoción amorosa los sentidos físicos también son infatuados.

Pero además, los reinos de los afectos reciben y proyectan el impacto mágico de la emoción amorosa. Y los sentimientos y las emociones de las personas enamoradas se tornan entes productores de placeres y energías positivas, al menos hacia las personas provocadoras de dicha emoción.

Otros factores influenciados por los contenidos de la emoción amorosa son las percepciones. Este elemento es el que ejerce mayor influencia en el fenómeno que el Dr. Peck denomina "el derrumbe de las barreras del yo" en las personas enamoradas, a las cuales les resulta difícil distinguir entre el "yo' y el "nosotros". El encuentro de su "otro yo" obnubila sus sentidos y percepciones.

En otro capítulo explicaré por qué estos procesos son necesarios, pero aquí expongo las ideas en que me fundamento. En primer lugar, dichos procesos permiten que los amantes produzcan el milagro de la intimidad; y en segundo lugar, ellos posibilitan la desaparición de las barreras de los cuerpos. Sin los contenidos o elementos de los reinos de la estética, es decir, de los contenidos de la emoción amorosa, el enamoramiento tuviera un solo contenido: la atracción erótica.

Yo utilizo otros dos conceptos para describir los dos componentes de la emoción amorosa: **las sensaciones del amor frente a las actividades del amor.** Las sensaciones del amor corresponden a las experiencias vitales o contenidos de la emoción amorosa; las actividades del amor pertenecen a las experiencias de aprendizaje de amor o formas de la emoción amorosa.

Estos dos últimos conceptos permiten observar más claramente la ligazón que existe entre emoción amorosa y personalidad. Los componentes o elementos de la emoción amorosa fluyen de la persona enamorada: **"yo amo a...,";** **"estoy enamorada de...",** los cuales son recibidos por otra persona que puede decir las mismas palabras. Hay una reciprocidad relacional en la expresión de la emoción amorosa. El fenómeno más trascendental en la formación de la pareja erótica consiste en la mutualidad de vivencias que ella se comunica.

* * *

En términos de la personalidad, la mutualidad de vivencias entre los amantes debe contribuir a la extensión de sus yoes respectivos. En el proceso de formación de modelos de parejas eróticas satisfactorias muchos amantes lo alcanzan, y se transforman en seres más plenos y realizados. Otros amantes se fusionan, y sus yoes se atrofian, aspectos a los que dedicaré algunos apartados en esta sección.

La ligazón de la emoción amorosa y la personalidad de los amantes se refleja en las etapas y las fases de la vida que estos viven mientras desarrollan los modelos de pareja eróticas que les satisfacen. Las etapas y las fases de vida son determinantes en muchos de los cambios que las personas experimentan en el devenir de sus existencias. Durante la adolescencia, las personas viven en el mundo de los deseos y la voluntad; en la adultez, en el mundo filosófico; en la mediana edad, en el mundo existencial o de significados personales; en la tercera edad, en el mundo de la historicidad preeminente.

Y estas etapas y fases de la vida influyen sobre las sensaciones y las percepciones (lo que siento contra lo que percibo); impactan la racionalidad y la sensorialidad (lo que pienso contra lo que veo, oigo, palpo, gusto y toco). La emoción amorosa es una parte vital de todos esos procesos que se efectúan en la personalidad de los amantes. ¿Cuántos años tienen? ¿Qué han vivido, y qué no? ¿Cuáles características en su desarrollo psicosocial son predominantes?

La emoción amorosa tiene dos componentes o elementos básicos: uno, las experiencias vitales del enamoramiento o los contenidos estéticos; y dos, las experiencias de aprendizajes de amor o las formas, gestos y actividades del amor. Pero además, la emoción amorosa tiene contenidos sensoriales, físicos, biológicos, socioculturales, espirituales-psicológicos y filosóficos.

CAPÍTULO II

EL PODER ERÓTICO DE LOS CUERPOS: ATRACCIÓN, SEDUCCIÓN Y APEGO

"De la casa fluía una energía desconocida. Y Ranfis, según su diario, regresaba a los inicios, a las prístinas páginas de su felicidad. Seguía caminando con Betsy en el primer encuentro donde las barreras de su yo se derribaron. Él fijó sus miradas en las exhibiciones de una tienda de ropas íntimas femeninas. 'Entremos' le dijo a Betsy. Caminando en silencio por los pasillos, observando el desplazamiento de estilo, colores, formas, Ranfis se detuvo en el estante que contenía las ropas interiores femeninas más subjetivas, provocativas, y en cierta medida, eróticas. Tomó un panty rojo y otro negro. 'Seis es tu medida', le dijo. Ella asintió con la cabeza. Los examinó minuciosamente, como si buscara algún descubrimiento en los pedazos de tela geométricamente cortados. Los dobló con un estilo kinestésico tierno. Las manos de Betsy temblaban cuando las extendió para tomarlos. Sus ojos extáticos, permanecían fijados en un intercambio de expresión comunicativa visual que traspasaba los parámetros del éxtasis. Como en un estado hipnótico, sus ojos se acercaron cada vez más. Y con ellos, también sus labios. Ambos cuerpos eran atraídos por magnetismo y energías compensativas. Cuando el trance de Cupido aterrizó, Ranfis y Betsy despertaron abrazados con todas las fuerzas contenidas en sus cuerpos. Los pantis habían caído de las manos de Betsy, y el corto vestido de seda que llevaba flotaba sobre las partes superiores de su cuerpo. Al despegarse, supieron que habían hecho el amor de pie, frente a dos modelos inmóviles que los observaban sin mostrar señales de temores, o de vergüenza, o de sorpresa. El tiempo y los hechos transcurrieron, mientras los cuatro flotaban en los mundos de las fantasías. Y en esos mundos, la realidad no tiene relojes para medir la duración del tiempo. Al acercarse al mostrador para pagar, el cajero los miró y sonrió, con las mismas picardías que se sonríen los seres que se encuentran con Cupido. 'Buena suerte', dijo, mientras ellos se alejaban tomados de las manos. Afuera, la brisa, el sol, los automóviles, los edificios, las gentes, todos ellos lucían como dioses salidos de la fábrica. Ranfis y Betsy sentían que caminaban por las calles del paraíso del Génesis. Esta vez, con las puertas abiertas para todos..." (De una novela inédita escrita por el autor de este libro).

-1-

¿De dónde nace este primer elemento del amor erótico denominado enamoramiento? ¿Por qué las personas se enamoran? Las personas no dedican muchos pensamientos al origen de sus enamoramientos ni antes ni después de tener las experiencias. Algunas piensan en la realidad del enamoramiento con algunos elementos filosóficos solo después de pasar por situaciones frustrantes e insatisfactorias provocadas por las trampas que dicha experiencia posee.

Algunos teóricos de la conducta amorosa responden las preguntas anteriores enfatizando el aspecto romántico de nuestra cultura occidental. Y muchos de ellos manifiestan actitudes negativas hacia el romanticismo al cual le endilgan la producción de innúmeras plagas en el seno de las interacciones humanas. Estos olvidan el origen y desarrollo y predominio del concepto de la libertad del individuo. La imposición de la idea de la libertad del individuo en contraposición a la libertad de la comunidad ha impactado las ideas políticas, religiosas, económicas y filosóficas de las sociedades occidentales.

¿De dónde nace el enamoramiento? La conducta del enamoramiento es el elemento predominante del romanticismo,

● ● ●

que como vimos en el capítulo I es un fenómeno cultural e histórico. Es lógico que las personas que nacen y se desarrollan en una cultura romántica se enamoren. Pero el enamoramiento contiene otros aspectos además del cultural e histórico.

Metafóricamente se dice que las personas se enamoran de sus profesiones, sus carros, sus casas, sus posesiones, etc. Pero ese tipo de lenguaje es figurado. Es decir, no hace referencia a una realidad general propia de un fenómeno psicosocial específico.

Cuando yo digo que el enamoramiento es la etapa inicial en el ciclo del amor romántico estoy haciendo referencia a un fenómeno psicosocial específico, con implicaciones generales en todas las sociedades donde la conducta romántica predomina. **El enamoramiento** con sus dos elementos o componentes básicos, **la emoción amorosa** y **la atracción sexual**, es la esencia biopsicosocial que inicia el ciclo procesal del amor erótico. Las personas entran a dicho ciclo a través del enamoramiento, porque algún grado de enamoramiento es necesario e imprescindible en la aparición y desarrollo del amor erótico.

El siguiente cuadro contribuye con la comprensión de los contenidos del enamoramiento.

Enamoramiento

Emoción amorosa	Atracción sexual

Las experiencias vitales de la emoción amorosa (sus contenidos psicoemocionales)

Las experiencias de amor, gestos o actos amorosos (sus formas biosociales)

Todas las respuestas dadas a la pregunta de por qué las personas se enamoran deben partir del hecho básico siguiente: no existe amor erótico sin su etapa esencial e intrínseca: **el enamoramiento.** Muchos teóricos de la fenomenología del amor niegan validez o al menos utilidad al enamoramiento dentro de la ecuación del amor erótico. Desde mi propia perspectiva, esa negación es el producto de desconocer que el amor erótico se realiza o completa dentro de un ciclo que contiene cuatro etapas con sus respectivos componentes o elementos. Y aunque todos ellos mencionan los conceptos, mi

• • •

trabajo ha consistido en conceptualizarlos como una hipótesis teórica.

Tanto las experiencias vitales de la emoción amorosa como las **experiencias de aprendizajes** de amor están contenidas en los cuerpos enamorados. Son componentes de sus organismos vivientes. Ambas experiencias empiezan en las primeras fases de la infancia, se aprenden con base en las cualidades y facultades inherentes a los organismos humanos, y se expresan en los rasgos de la personalidad y en los caracteres de las personalidades implicadas. **Las primeras, las experiencias vitales**, son vivencias psicoemocionales que impactan los afectos, los sentidos y las percepciones de las personas adultas enamoradas, y dimanan de la experiencia vital de amor. **Las segundas, las experiencias de aprendizajes**, son conductas con marcados matices sociales, que expresan la experiencia vital de amor. **Las personas no pueden elegir su experiencia vital de amor,** porque ella no es un acto de la voluntad o del deseo. Ningún ser humano es capaz de inventar o crear su experiencia vital de amor. Esa es una tarea imposible. Ella fluye dinámicamente de los organismos, impactada y mediada por los bagajes culturales que estos contienen. Pero las personas adultas sí eligen los contenidos de la emoción amorosa, y sí recrean sus experiencias de aprendizajes de amor.

De esa forma derivan mayores satisfacciones de sus conductas amorosas, dominan las técnicas del amor, actualizan sus ideas, conceptos, actitudes y prejuicios acerca del amor y aprenden a ejercer balance entre la racionalidad y la afectividad de sus prácticas amorosas.

¿Cuáles aspectos de los cuerpos físicos de las personas despiertan o provocan la emoción amorosa y la atracción sexual, es decir, el enamoramiento? **La belleza física** se reporta como un poderoso provocador del enamoramiento. Específicamente componentes del rostro: los ojos, la boca, el cabello, entendiendo la relatividad del concepto "belleza física". En el sexo femenino, las líneas generales del cuerpo y algunas de sus partes como las nalgas y los senos. En el sexo masculino, los rasgos de virilidad y la musculatura se reportan poderosas despertadoras del erotismo. Hay otros aspectos físicos como los gestos, la entonación de la voz, las formas de las miradas, los estilos de caminar, etc., que también se combinan para provocar el enamoramiento de las personas. El amor erótico no es una entidad aparte de los cuerpos de los amantes, sino una realidad que es componente vital de los humanos como organismos vivientes. Aun así, los contenidos y las formas de sus manifestaciones continúan siendo un misterio en el sentido de que cada día provocan una mayor cantidad de explicaciones disímiles. En los párrafos siguientes voy a exponer algunas de las explicaciones que los investigadores y teóricos del romanticismo han dado acerca de la naturaleza del amor.

-2-

El psiquiatra Michael Liebowitz desarrolló la teoría neurohormonal. Según él, la excitación y el despertar del romanticismo en las personas es el resultado directo del aumento en el nivel de dos de sus neurotransmisores: la dopamina y la norepinefrina. Estos neurotransmisores contienen mensajes químicos que unen los espacios entre las células nerviosas y el cerebro. En su libro *"The Chemistry of Love"* (1983), el doctor Liebowitz plantea que los neurotransmisores señalados son activados visualmente, por ejemplo, cuando las personas observan a alguien que se adecúa a sus ideales de lo que es atractivo eróticamente. En este punto, los centros placenteros de los cerebros de estas personas son bañados por un mar de mensajes químicos que producen los resultados placenteros que todos los enamorados conocen. De acuerdo al doctor Liebowitz, las experiencias intensas y trascendentales de amor, probablemente impliquen otros neurotransmisores que él llama serotonina. El amor compasionado que no contiene altos niveles de pasión puede descansar en las endorfinas, una producción cerebral que da la sensación de tranquilidad, conducta que se observa en las parejas con muchos años de convivencia común.

Otro investigador que desarrolló una teoría que le da fundamento fisiológico al origen del amor erótico es el psicólogo Stanley Schachter. Según el doctor Schachter, todas las emociones que aparecen en los cuerpos están acompañadas por componentes fisiológicos, algo que puede medirse por las palpitaciones aceleradas del corazón, los sudores de las manos, la aceleración en la respiración, etc. Su teoría señala que las personas pueden distinguir las emociones (amor, ira, celo, nerviosidad, etc.), no por las reacciones de sus cuerpos, sino por las formas en que ellas interpretan y nombran sus experiencias emocionales. Para el doctor Schachter, el amor erótico es un despertar fisiológico interpretado en ciertas maneras.

Hoy sabemos que el sistema nervioso autónomo contiene diferencias específicas en las reacciones que los cuerpos manifiestan frente a los varios tipos de emociones que ellos emiten, por tanto, contrario a la opinión del doctor Schachter, el amor erótico pudiera estar acompañado por un conjunto único de respuestas fisiológicas.

-3-

El doctor John Alan Lee, en su libro *"The Colors of Love"* (1973), habla de la existencia de seis tipos diferentes de amor romántico, dependiendo de lo que las personas hacen con sus experiencias de amor. La primera forma de amor romántico, de acuerdo al doctor Lee, es EROS. Sus características están expresadas por la fuerte atracción física y sexual que sus experimentadores manifiestan. Los amores impulsados por *EROS* están compelidos por un magnetismo físico que eleva la pasión a niveles inmanejables. Regularmente, estos amores no se tornan profundos y duraderos. La segunda forma de amor romántico es *LUDUS*. Son los amores casuales, fantasiosos, con pocos grados de compromisos entre sus participantes. Sus propósitos son jugar y disfrutar de los placeres de sus encuentros, pero sin el establecimiento de intimidades y compromisos. La tercera forma de amor romántico es *STORGE*. En ella existe calor y afecto, pero sin pasión tormentosa. Esta forma de amor puede surgir de una larga y profunda amistad que de repente involucra a sus participantes en una relación erótica. La cuarta forma de amor romántico es *MANÍA*. Es la forma de erotismo más tormentoso e intenso. Las personas implicadas en esta forma de amor necesitan constantemente atención y afecto mutuos. Algunas entran en un estado de éxtasis y desespero tan intenso que reclaman la adopción de fuertes compromisos sin conocer realmente a la otra parte. Es una forma de romanticismo que sube y baja emocionalmente, que es insaciable, y que regularmente termina abrupta y rápidamente transformada en lo contrario: odio. La quinta forma de amor romántico es *PRAGMA*. Es una forma práctica de amarse. Sus practicantes dedican tiempo para conocerse bien, llegan a acuerdos mutuos y permitir que sus sentimientos amorosos se desarrollen con intensidad. La sexta forma de amor romántico es *ÁGAPE*. Es la idea cristiana del amor: paciente, no demandante, bondadoso, etc., El doctor Lee plantea que las formas más satisfactorias de relaciones amorosas son aquellas en las que los amantes comparten las mismas formas y definiciones de amor.

Yo creo que las parejas crean y desarrollan esas y otras formas de amor como parte de las experiencias vitales de amor y de las experiencias de aprendizajes de amor. Es posible observar esas características del amor erótico en las conductas de las parejas, dependiendo de los tipos o modelos de parejas que ellas creen. Por tanto, la clasificación del doctor Lee tiene utilidad para explicar la diversidad de la práctica del erotismo, pero muy poca para responder la pregunta de por qué las personas se enamoran. Mi teoría es la de que el amor erótico es un tipo único y exclusivo de amor con sus propias características y particularidades. Las experiencias vitales de la emoción amorosa son diversas; las experiencias de aprendizajes de amor también los son. Y existe una diversidad enorme de tipos o modelos de parejas eróticas, así como de matices de dichos modelos. Pero la esencia del amor erótico es única, como son únicos los otros tipos o formas de amor (maternal- paternal, filantrópico, fraternal, etc.). **Todos esos matices de amor erótico presentados por el doctor Lee emanan de una fuente básica: la manifestación de las experiencias vitales de la emoción amorosa, y de las experiencias de aprendizajes de amor, expresadas con variados matices dentro de un ciclo procesal que se completa en etapas, la primera de la cual es el enamoramiento.**

-4-

Existen otras respuestas dadas por los estudiosos de la conducta romántica a las preguntas ¿por qué las personas se enamoran? ¿De dónde nace el enamoramiento? ¿Cuáles factores lo provocan? ¿Cuáles factores influyen en que la experiencia vital de amor se manifieste como amor erótico?

Los doctores Master, Jonnson y Kolodny desarrollan una teoría interesante en su libro *"On Sex and Human Loving"* (1985). Según ellos, el amor romántico se produce y manifiesta en un ciclo. El cuadro del ciclo del amor romántico con el que ellos ilustran el ciclo del amor aparece debajo. La traducción del inglés es de mi responsabilidad.

EL CICLO DEL AMOR ROMÁNTICO
(Masters, Johnson y Kolodny)

Estar listo (a) para el amor

Enamorarse

Permanecer enamorado (a) ---Amor compasionado

El amor en transición

-Desenmascarando la realidad

-Aburrimiento o impaciencia

-Frustración o heridas

-Pasando inventario

Resolución------**Conflicto**-----Pausa temporal

Desenamorarse

Permanecer desenamorado (a)

Las personas necesitan tener la emoción amorosa en alerta antes de que el enamoramiento las alcance. Los animales inferiores pasan por el ciclo del estro como preparación reproductiva y facilitadora de la copulación. Los seres humanos necesitan experimentar, consciente o inconscientemente, un estado de alerta en la emoción amorosa como preparación biopsicosocial a las experiencias de enamoramiento. Las personas pueden entrar a ese estado de alerta como resultado de tener percepciones positivas hacia el amor erótico, por sentirse poderosamente motivadas a establecer relaciones interpersonales de intimidad con otras personas, por frustraciones sexuales y deseos ardientes de satisfacerlas, por la necesidad de sentirse amadas por otras personas, por simple curiosidad respecto al amor, por el deseo de realizar fantasías eróticas, entre otras razones. No hay una ecuación perfecta que lleve a determinar qué es lo que despierta la emoción amorosa en las personas. Pero no hay duda de que el amor erótico transita por el ciclo elaborado por los doctores Master, Johnson y Kolodny.

A las personas que tienen actitudes y percepciones negativas hacia el romanticismo les resulta difícil enamorarse. Lo mismo sucede con las personas que tienen todas sus energías concentradas en proyectos o metas personales que requieren todo su tiempo, planes, pensamientos y recursos afectivos, o que están atravesando por situaciones y circunstancias trágicas provocadoras de dolor emocional. Las personas tienen que experimentar el despertar de la emoción amorosa antes de enamorarse. Y esta es otra prueba de que las personas no pueden elegir su experiencia vital de amor, es decir, crearla, producirla, inventarla, por un acto de la voluntad.

El hecho de si las personas permanecen enamoradas o no una vez se enamoran, depende de lo que suceda en ellas y/o entre ellas cuando el amor entra en sus fases de transición. Estas, inevitablemente, conducen a las parejas a los conflictos de amor y de los amantes. Las soluciones adecuadas de los conflictos de amor garantizan que las personas permanezcan enamoradas, aunque sea amándose con un amor compasionado, es decir, de menos intensidad pasional. Las soluciones de los conflictos de amor desencadenan el proceso del desamor. Muchas personas nunca logran resolver realmente los conflictos de sus amores, sino simplemente situarlos entre pausas transitorias que les permiten vivir amores compasionados. Otras personas aprenden a vivir amores conflictivos, y se sienten cómodas participando de modelos de parejas eróticas altamente conflictivos. **"Los conflictos de los amores"** es un concepto diferente al de **"los conflictos del amor"**. El amor erótico es una realidad biopsicosocial conflictiva en sí misma. Los conflictos de los amores son componentes de las experiencias de aprendizajes de amor. Una gran mayoría de personas prefieren salir del ciclo del amor romántico al que entraron (separaciones, divorcios...), hasta que la emoción amorosa se torne en alerta de nuevo para entrar a otro ciclo de amor que debe empezar por su etapa primera: el enamoramiento.

-5-

La naturaleza del amor, es decir, las manifestaciones de las formas y los contenidos de la emoción amorosa han recibido muchas otras explicaciones. La psicóloga Dorothy Tennov en su libro *"Love and Limerence: The Expetience of Being in Love"* (1979), expuso su famosa teoría de Limerence que dio origen al desarrollo de una escala de Limerence desarrollada por Steffen y colaboradores (1982). De acuerdo a la Dra. Tennov, Limerence es la experiencia relativamente estable por la que pasan los que se enamoran, la cual incluye poderosas atracciones, desequilibrados apegos, trastornos de los sentidos, de las percepciones y de los afectos, y la experimentación de estados de nirvana frente a las personas que provocan u originan Limerence.

Freud (1955), consideró la naturaleza del amor como la sexualidad sublimada; Fromm (1956), la identificó con las actitudes de respeto, responsabilidad, cuidado y de conocimiento que una persona manifiesta hacia otra; para Harlow (1958), el amor es básicamente una conducta de apego; Burton (1963), consideró el amor como una enfermedad; Askew (1965), dijo que el amor era una neurosis; Koenigsberg (1967), describió el amor como una forma de proyección de la competitividad con uno de los padres; deRougemont (1969), explicó el amor como una manera de santificar o consagrar el dolor y la muerte; según Maslow (1962), existen dos clases de amor: el amor deficiente que es el producto de las inseguridades y de los niveles más bajos de las necesidades de las personas, y el amor suficiente que fluye de los niveles más altos de las necesidades de las personas, de sus deseos de autoactualización y la actualización de la otra parte; de acuerdo Livingston (1980), el amor es un proceso que permite a las personas reducir sus inseguridades.

Todas las teorías anteriores son intentos de respuestas a las preguntas: **¿Por qué las personas se enamoran?** ¿Cuáles son los elementos o componentes que los motivan a amar? **¿Qué es lo que despierta la emoción amorosa?** Hay muchas otras formas de respuestas que examinaré en otra sección de este libro, pero ahora voy a exponer intentos de respuestas a las mismas preguntas que pertenecen a otra categoría. Las respuestas vistas hasta aquí se consideran intuitivas, porque son el fruto de las observaciones, de las prácticas clínicas, o de las experiencias de las personas. Las respuestas que voy a analizar ahora se consideran empíricas, porque son el resultado de investigaciones que implican alguna forma de medida cuantitativa (exámenes, cuestionarios, etc.).

-6-

Rubin (1970 – 1973), utilizó métodos psicométricos para derivar de ellos lo que él denominó la escala del amor y la escala de la atracción, que pueden ser administradas conjuntamente. La escala del amor contiene tres componentes que resumen la naturaleza del amor de acuerdo al Dr. Rubin: las necesidades de afiliación y de dependencia, la predisposición para ayudar y las sensaciones de exclusividad y de absorción. La escala del amor está hecha de proposiciones relacionadas

• • •

con estos tres tipos de actitudes hacia el amor, y se reporta con validez para predecir la probabilidad de que dos personas se casen.

Levinger, Rands y Talaber (1977), desarrollaron la escala de envolvimiento emocional, la cual intenta medir los grados en que las personas perciben las recompensas y las inversiones que tienen que hacer en sus relaciones amorosas. Dicha escala intenta medir aspectos como: el miembro de la pareja que invierte más en la relación, y el que recibe la mayor cantidad de beneficios en términos de seguridades de amor, compromisos, compañerismo, colaboración, etc.

Steffen, McLaney y Hustedt (1982), crearon una escala de amor para medir los componentes de la naturaleza del amor según la teoría de Limerence de la Dra. Tennov. Una persona en estado de Limerence está cognitivamente comunicada con las emociones que experimenta hacia otra persona, experimenta un fuerte deseo y dependencia por ella, y su cuerpo responde con sensaciones agradables o placenteras cuando es correspondida. La Dra. Tennov describe el Limerence como un apego romántico extremo hacia otra persona. La escala de Steffen y colaboradores trata de medir estos aspectos a través de afirmaciones como: "Yo amo todo lo que es y tiene una persona de quien yo me siento fuertemente atraído (a)", "El amor es una experiencia hermosa para mí".

Swensen (1972), construyó una escala del amor a partir de siete factores analíticos: la expresión verbal de los sentimientos, la autorevelación de estos, la evidencia no material del amor, los sentimientos de que el amor no ha sido expresado verbalmente, la evidencia material del amor, la expresión física del amor y el deseo de tolerar elementos no placenteros en la persona amada. Swensen empezó su investigación pidiéndole a trescientas personas que describieran sus relaciones de amor: Cómo se comportaban, las cosas que decían, los sentimientos que experimentaban y las diferencias de esos sentimientos con respecto a otras personas, entre otros aspectos. El resultado fue trescientos ochenta y tres temas combinados en una escala, la cual fue luego completada por quinientos noventa y dos personas que relacionaron los temas con cinco tipos de personas: Padre, madre, hermano o hermana más cerca, el más íntimo (a) amigo (a) del sexo contrario, definido (a) como la pareja para los casados. Las respuestas confirmaron los siete factores señalados anteriormente, indicando que el amor, sin que importe a quién está dirigido, sigue una misma estructura. Sin embargo, la cantidad de amor difiere dependiendo de a quién este dirija. La escala demostró que la mayor cantidad de amor está dirigida a un (a) amante.

Tesser y Paulhus (1976), utilizaron un conjunto de cuestionarios para formular un modelo causal de amor y los comportamientos que caracterizan las relaciones amorosas. Sus resultados indican que: 1) los pensamientos amorosos recíprocos tienen un impacto positivo en el amor; 2) que encontrarse con cierta frecuencia ejerce una influencia positiva en el amor; y 3) que la restricción de la realidad tiene un impacto negativo en el amor.

Sternberg y Grajek (1984), publicaron una de las investigaciones más interesantes de las que se han hecho relacionadas con la naturaleza del amor. Ellos trabajaron con base en las escalas desarrolladas por Rubin, Levinger y colaboradores. Sus pretensiones eran estudiar la naturaleza del amor, su artículo en ingles se llama: *"The Nature of Love"*; investigaron sus diferentes manifestaciones dependiendo del tipo de relación, la relación existente entre las variables demográficas y las de personalidad por un lado, y las compararon con las variables que impactan las relaciones amorosas por el otro; y, por último, trataron de predecir la satisfacción de los participantes en una relación romántica. En síntesis, ¿en qué consistió su investigación?

Ellos estudiaron tres modelos estructurales de amor con base en tres teorías psicométricas de inteligencia: la de Spearman (1927), la de Thomson (1939), y la de Thurstone (1938).

La teoría psicométrica de inteligencia de Spearman plantea que existen solo dos factores de inteligencia: un factor general que es el que tiene que ver con todas las realizaciones intelectuales de las personas, y un conjunto de factores específicos relacionados con tareas no psicológicas. Basado en esta teoría, el modelo de la naturaleza del amor se concibe como una experiencia afectiva única e indisoluble; un globo indiferenciado lleno de energía y emociones positivas; un círculo lleno de amor.

La teoría de inteligencia de Thomson describe la mente como un conjunto de conexiones: reflejos, hábitos, asociaciones, etc., relacionadas entre sí. Cuando cualquiera de las conexiones de la mente es activada, automáticamente las demás también se activan. El modelo de amor basado en esta teoría se conceptualiza como un conjunto de afectos, cogniciones y motivaciones que cuando se mezclan producen el compuesto denominado amor. Desde esta perspectiva, la emoción amor no es un globo o unidad indiferenciada, sino una combinación de factores (afectivos, cognitivos, motivacionales, entre otros), que conectados producen el resultado global que llamamos amor.

La teoría de inteligencia de Thurstone expone la existencia de siete factores primarios e igualmente importantes en su composición, como son las comprensiones verbal y numérica, la memorización, el razonamiento, etc. De acuerdo a Thurstone, la inteligencia está compuesta de un conjunto pequeño de habilidades mentales primarias correlacionadas. El modelo de amor con base en esta teoría concibe el amor como un pequeño conjunto de emociones, cogniciones y motivaciones iguales en importancia que combinadas producen el sentimiento denominado amor. El amor no es un globo o círculo único (Sperman), ni tampoco es un conjunto que se ensambla para producir la emoción amor (Thomson). Según esta teoría, el amor es un conjunto de estructuras primarias separadas, cuyas partes contribuyen a producir la experiencia llamada amor.

Los doctores Sternberg y Grajek hicieron su investigación con ochenta y cinco personas (50 femeninas y 35 masculinos). El método utilizado fue la aplicación de un cuestionario que contenía preguntas acerca del pasado familiar y demográfico, sus historias de amor y la cumplimentación de cinco escalas de amor, entre ellas: la escala Limerence y colaboradoras, la escala de amor Lasswell & Lobsenz, el cuestionario utilizado por Rubin para construir sus escalas de amor y de atracción, la escala de envolvimiento interpersonal de Levinger y sus colaboradores...

Uno de los aspectos más interesantes del estudio fue el énfasis que los investigadores hicieron en las medidas de la personalidad. Los rasgos de la personalidad que ellos midieron fueron: autoestima, defensiva, represión, sensibilización, depresión, ansiedad, maquiavelismo y desarrollo moral.

Los resultados de la investigación favorecen un modelo de amor basado en las teorías de Spearman y de Thomson, pero no la teoría de Thurstone. Parece que existe un factor general que produce el amor y un conjunto de factores de menor importancia que lo influencia. No se reportó evidencia de que haya un número pequeño de factores primarios de igual importancia que produzca el amor, que sería lo que comprobaría la teoría de Thurstone. Sin embargo, los investigadores no pudieron determinar entre los factores que se tornan generales (afectivos, cognitivos o motivaciones) para producir el amor, cuáles son indiferenciados y únicos (Spearman), o diferenciados y divisibles (Thomson). Los resultados se inclinan más a la teoría de Thomson, y parecen indicar que el amor es un conjunto de conexiones que cuando se ensamblan producen el resultado global que llamamos amor. Según el estudio, las relaciones amorosas exitosas están relacionadas con las siguientes características de sus participantes: su similaridad, su complementariedad y la intensidad de su atractivo físico.

El amor parece ser una entidad primariamente unifactorial con algunos subfactores importantes; la composición estructural del amor parece ser la misma para los diferentes tipos de relaciones íntimas; la estructura del amor entre amigos del mismo sexo es más distinguible que la de otras formas de amores; la cantidad de amor que se experimenta en una relación erótica es mayor que la de otras relaciones.

¿Cuáles elementos componen el factor general del amor? Según el estudio, las emociones, motivaciones y cogniciones exactas que componen el factor general del amor varían dependiendo del instrumento utilizado para medirlas, **pero el factor está identificado con la comunicación interpersonal, la cercanía emocional y el apoyo mutuo.** Sus aspectos incluyen: entendimiento profundo mutuo, crecimiento personal dentro de la relación, la mutua colaboración, hacer que la pareja se sienta amada y el dar y recibir afectos.

Por último, el estudio apoya la idea de que la esencia cualitativa de los diferentes tipos de amor es la misma. Yo denomino la esencia cualitativa amatoria, experiencia vital de amor o los contenidos esenciales de donde fluyen o emanan todos los tipos de amor (autoamor, fraternal, filantrópico, maternal-paternal, erótico...), y la contrasto con **las experiencias de aprendizajes de amor o las formas que adquiere y manifiesta la experiencia vital de amor,** que son las que permiten que las personas perciban como diferentes los diversos tipos de amor. Son las experiencias de aprendizajes de amor iniciadas en la infancia las que enseñan a las personas a dirigir su experiencia vital de amor hacia objetos diferentes. Y es a través de esos objetos diferentes de amor que los diferentes tipos de amor se clasifican, aun cuando todos ellos fluyen de la misma experiencia vital de amor a través de sus experiencias de aprendizajes de amor. Por eso existen enormes variedades de matices entre los diferentes tipos o formas de amor. Cada ser humano manifiesta sus amores siguiendo la ecuación de sus experiencias de aprendizajes de amor, que en cada persona es única psicológica, biológica y socioculturalmente. Las inquietudes relacionadas con la idea de cómo se adquiere la experiencia vital de amor es material para otro apartado de este libro.

-7-

La química de la atracción amorosa es compleja. Pero ella es parte de la esencia de todos los tipos o formas de amor. Ella es la esencia escondida en la experiencia vital de amor expresada en cualquier tipo de amor. En el caso del amor erótico, la atracción es la química que provee la fórmula para la expresión y la manifestación de la **emoción amorosa** y de la **atracción sexual**, es decir, del **enamoramiento**.

Sin atracción no existe enamoramiento. Todavía más, sin atracción las personas no pueden manifestar su experiencia vital de amor. Ella requiere de alguna forma de atracción: sea ésta estética, física, psíquica, visual, perceptiva... En la sección Pasión, amplío el concepto de atracción, pero aquí quiero decir que la atracción es uno de los componentes de la experiencia vital de amor que contribuye con su energía y vitalidad. Todas las emociones son atrayentes - repelentes, prejuiciosas y están energizadas con vitalidades. La atracción le permite a la

• • •

experiencia vital de amor ser una de las más poderosas emociones.

La expresión y consumación del amor erótico necesita el uso de la seducción. Esta es una de las complejidades ligadas al amor erótico. Por un lado, las expresiones eróticas de la experiencia vital de amor no pueden ser creadas, inventadas o elegidas por las personas. Ellas son o no son, están o no están. Ningún ser humano es capaz de inventar una experiencia vital de amor erótico hacia otra persona, aunque sí puede aparentarla o simularla por medio del matrimonio, o el sexo, u otros gestos verbales o físicos. Pero las personas no pueden crear o inventar experiencias vitales de amor ni en ellas mismas y mucho menos en otras personas.

Pero, por otro lado, y aquí aparece la complejidad, la seducción juega un papel esencial en la creación y desarrollo de las experiencias de aprendizajes de amor erótico durante la adultez. Las personas necesitan jugar a la seducción en el proceso de la creación y desarrollo de la pareja erótica. No hay dudas de que existe un tono misterioso en los procesos del romanticismo. Ninguna cantidad de seducción puede despertar y crear una experiencia vital de amor erótico allí en donde ella no existe, pero alguna cantidad de seducción es necesaria para crear y desarrollar una pareja erótica allí donde la expresión erótica de la experiencia vital de amor está presente. El juego de la seducción es uno de los componentes de la experiencias de aprendizajes de amor, la cual necesita ser creada y desarrollada. Las personas difieren en el uso y la aplicación de la seducción, pero todas ellas crean e implementan técnicas y métodos seductivos, unos generales y otros específicos, que las experiencias de aprendizajes de amor reportan efectivos. Los cuerpos humanos se tornan elementos preferidos en el juego de la seducción. Los amantes agudizan sus sentidos, refinan sus gustos, cambian sus preferencias, polarizan sus actitudes, disminuyen sus prejuicios cuando están atrapados por el juego de la seducción, que en muchos casos y circunstancias no es un simple juego, sino que toma la categoría de una guerra.

CAPÍTULO III

ENAMORAMIENTO Y PERSONALIDAD

"(LOS CUERPOS son enigmáticos. Contienen un misterio que necesita descubrirse. Los cuerpos invocan lo desconocido. Ellos representan lo misterioso y despiertan la curiosidad, la misma que guía a la búsqueda de lo ignoto. Un cuerpo en movimiento es una tentación perceptiva. Porque es imposible no observarlo cuando entra al campo visual).

–Esta unión de nosotros carecía de motivos y de razones desde sus inicios. Los cuerpos se agotan, se desganan...

(LOS CUERPOS siguen las leyes, las normas y los criterios de todo lo que se usa. Ellos son depreciados por la utilización, el toque, el manejo táctil. Los cuerpos proclaman a las mitologías. Desde la simple percepción visual son hechizantes).

–Sí, pero tú vibrabas de ganas cuando nos conocimos. Delirabas por poseer mi cuerpo.

¬Pero los cuerpos se desgastan al tocarlos...

(Y UNA lombriz le dijo a una hormiga que ella no sabía lo que era el amor. 'Tú nunca te has enamorado', le dijo. 'Pero sé cómo hacen el amor las cucarachas. Yo las he visto, pero tú no puedes ver', respondió la hormiga).

–Mientras estuvimos en el arca de Noé no pudimos hacer el amor. Los ruidos de los animales, y de las aves, y de las aguas, no nos dejaron concentrar...

–Para hacer el amor como se debe es necesario vencer muchos temores. El cuerpo es una selva vestida de fobias antropológicas...

(Y LAS gentes continúan construyendo las torres del amor. Los idiomas no eran imprescindibles para ejercitarse en las caricias de los cuerpos).

–Para hacer el amor placenteramente los cuerpos tienen que estar relajados...

–Los cuerpos frustrados no pueden hacer el amor adecuadamente.

(Y EL arca de Noé seguía su trayecto marcado por las aguas, en tanto que Moisés utilizaba su vara para despertar las ideas de los dioses).

–Siempre sospeché de tu sexualidad. Nunca pude ver tu cuerpo desnudo. Todos tus orgasmos eran fingidos...

–Fingidos no, escenificados, actuados. Yo soy una actriz en todos los gestos y acciones de mi vida. Mi cuerpo es una mercancía sociológica...

(LOS CUERPOS, sí, los cuerpos. Sus simetrías, sus voluptuosidades. Ellos son los dioses creadores de imágenes, de deseos, de motivaciones, de pasiones. Los cuerpos sostienen vivas las banalidades de la televisión, las de las artes plásticas y los ritos que simbolizan los poderes de la tierra. Los cuerpos son agentes socializantes y socializadores. Todas las culturas fisiológicas están definidas por los fenotipos de los cuerpos que las representan).

–¿Y qué haremos con este amor? Porque todos los amores están en los cuerpos de los amantes. Y el tuyo es una simple figura decorativa. Tu cuerpo es una ilustración sin poder de convencimiento...

–Más bien, tú no has aprendido a despertar las magias que contienen los sentidos de mi cuerpo. Mi cuerpo es un acertijo placentero...

(LOS CUERPOS. Los cuerpos pasivos, los activos, los rechonchos, los estirados, los negros, los blancos, los altos, los bajos, los pesados, los livianos. Los cuerpos silenciosos, los cadenciosos, los llorosos, los deprimidos, los atléticos, los deformes. Los cuerpos todos).

–Sí. Todos los cuerpos cargan consigo un enigma...

–Un enigma impenetrable...

–Por eso todos los cuerpos son nuevos para las nuevas percepciones que los observan...

● ● ●

(LA CURIOSIDAD por hacer uso de los cuerpos nuevos no permite que ellos envejezcan)."

(Del libro de relatos cortos ya publicado "Los Reinos de la Ternura" escrito por el autor de este libro).

-1-

No hay muchos estudiosos de la fenomenología de la conducta romántica que planteen su origen más allá del siglo XI d.c. Pero sí existen algunos que ven vestigios de ella en las poesías de algunos poetas antiguos, como en la obra de Platón llamada *"El Banquete"*, en la *"Ética"* de Aristóteles, o en el *"Arte de Amar"* de Ovidio, etc.

Sin embargo, existe un acuerdo casi general en originar el amor romántico en el encuentro de posiblemente los primeros dos amantes románticos: Abélard y Héloise, en el 1118. A través del siglo XII, los primeros practicantes e impulsadores de la 'cortezia" o amor cortesano fueron los poetas trovadores que cantaban sus poemas amorosos reconociendo y admirando la belleza física femenina. De hecho, ese fue un fenómeno nuevo en la historia de la humanidad. Las culturas griega y romana eran admiradoras de la belleza física masculina, no de la femenina, a excepción de las esculturas construidas a las diosas.

Junto a los poetas trovadores surgieron los caballeros, y con ellos el halago y la adoración de la belleza física femenina se generalizaron, especialmente el cortejo amoroso a las mujeres casadas. **Esta realidad trajo un nuevo papel al género femenino: ser objeto de amor por su belleza física y, por tanto, provocador de la emoción amorosa en el género masculino.** La alianza social de la nobleza feudal dio paso a la devoción individual; la libertad individual se impuso a la lealtad; la lealtad al señor feudal se traspasó a la mujer hermosa objeto de devoción.

Este fue uno de los primeros pasos en el proceso hacia la modernidad que dio origen al predominio de la idea o concepto de la libertad del individuo y a lo que más tarde se llamó la "era de la razón".

El hecho de que las mujeres empezaron a ser objetos de admiración por sus géneros es una actitud completamente nueva en la historia de la humanidad. Y esto trajo una nueva identidad para hombres y mujeres. Estas últimas ya no dependían de la unión por sangre o legales que tenían con los hombres como hermanas, madres, esposas, sino que empezaron a disfrutar y a proclamar su propia identidad en su relación e interacción con el otro género. Sin duda que estas realidades originaron no solo una nueva sociedad con elementos culturales totalmente diferentes a las anteriores, sino que, concomitantemente, los hombres y las mujeres surgieron del proceso con una nueva personalidad relacionada con una nueva forma de amarse. El proceso fue largo y tortuoso, como todos los procesos históricos que destruyen viejos e imponen nuevos paradigmas, pero el romanticismo dominó la cultura occidental.

-2-

No es posible escribir de enamoramiento y personalidad sin mencionar a Freud. No porque él le dedicara muchos espacios en sus escritos al estudio de la conducta romántica, pero sí al problema de la sexualidad, su esencia y contrapartida al mismo tiempo. El romanticismo de los tiempos de Freud estaba transitando por lo que se ha llamado la época victoriana. El *zeitgeist* de la modernidad estaba en embrión en todos sus aspectos, incluyendo el estudio y descripción de todos los fenómenos humanos y naturales. Y como todas las descripciones científicas reflejan el *zeitgeist* de la época en que se hacen, las que hizo el genio de Freud no son las excepciones.

Por ejemplo, un concepto predominante en la época de Freud era la idea del sistema hidráulico, que era el *zeitgeist* tecnológico y científico que se imponía en las conceptualizaciones y descripciones científicas.

Freud generalizó y traspasó los conceptos de la hidráulica al estudio y descripción de la personalidad humana, y lo hizo con genialidad. Tanta genialidad que, aunque no aceptemos sus planteamientos en algunos aspectos, tenemos que hacer referencia a ellos.

Para Freud, el amor romántico o emoción amorosa es una sublimación de la sexualidad. Él no hizo diferencia entre la atracción sexual y la emoción amorosa, pero dijo que la última tenía que ser sublimada, es decir, no satisfecha inmediatamente para que pudiera permanecer en el tiempo. En opinión de Freud, si los amantes satisfacen inmediatamente los impulsos sexuales que acompañan a la emoción amorosa, ésta no se desarrolla.

Pero para entender el concepto de sublimación hay que comprender el sistema hidráulico de la personalidad desarrollado por Freud. Él utiliza tres conceptos para estructurar la personalidad: el ID, el principio del placer y donde habitan las emociones; el EGO, el componente racional y lógico; y el SUPEREGO, el asiento de la moral, de la ética, de la religión. Como sucede en un sistema hidráulico, estos componentes de la personalidad humana se complementan y es la estructura de la vida mental donde encontramos el consciente, el subconsciente y el inconsciente. Y, por último, una parte de su teoría que implica la conducta amorosa representada en las etapas del desarrollo humano: oral, anal, latencia, fálica... Una solución inadecuada de la etapa fálica, por ejemplo, puede dar lugar a la no solución apropiada de los complejos de Edipo y de Electra, y esa realidad ejercerá marcada influencia en la vida amorosa. Estos aspectos de la teoría de Freud a mí solamente me interesan en relación a la interacción que existe entre enamoramiento, concepto que desde mi perspectiva contiene la emoción amorosa y la atracción sexual, y la personalidad examinada desde una amplia variedad teórica, relación a la que volveré en otro apartado.

-3-

Antes de analizar más a fondo los conceptos de enamoramiento
– personalidad, voy a exponer los cuadros generales que
explican el modelo que desarrollo en este libro:

La experiencia vital de amor
(Los contenidos del amor o su
facultad o cualidad)

Las experiencias de aprendizajes de amor
(Las formas del amor o sus actividades)

Los tipos de amor
*Amores inmanentes:
-Erótico
-Maternal - paternal
-Fraternal
-Filantrópico
-Otros.
*Amores trascendentes:
-Autoamor
-Ágape
-Otros.

Este libro se concentra en el amor erótico, y el cuadro de mi modelo es el siguiente:

Amor Erótico

Etapas del amor erótico
-Enamoramiento
-Pasión
-Romance - intimidad
-Compromisos

El enamoramiento contiene dos elementos básicos e intrínsecos: la emoción amorosa y la atracción sexual. Además, yo correlaciono el estudio del enamoramiento con la personalidad.

-4-

Los estudios de la conducta romántica señalan claramente que el amor erótico se crea y expresa a través de la personalidad de sus participantes. Aun su componente más complejo y dinámico como es la experiencia de la emoción amorosa se expresa en la personalidad; en sus rasgos y

• • •

características básicas heredadas y aprendidas; en el organismo como una totalidad biopsicosocial. La determinación del origen de la experiencia de la emoción amorosa, así como su complejidad, han provocado todas las discusiones que señalé en el capítulo II respecto a cuál es la naturaleza del amor.

Debo volver a Freud, porque su opinión es una de las más populares. Según Freud, el amor es una energía, que él denominó libido, que corresponde al eros de Platón en *"El Banquete"*. Freud se vio obligado a estudiar el amor a partir de la aparición del fenómeno de la transferencia, que es otro de sus conceptos básicos. En el proceso del psicoanálisis, los pacientes y el analista pasan por un proceso de contra-transferencia y transferencia de sus experiencias infantiles con su madre y padre. Para Freud, la libido o energía amorosa está anticipada en la relación de los niños con sus madres, y todos los demás tipos de amor tienen su origen en esas interacciones primarias. Más tarde, cuando esos lazos entran en conflictos, se espera que las personas los resuelvan adecuadamente como garantía para poder establecer relaciones amorosas satisfactorias.

-5-

Ahora está más clara la idea de Freud de que el amor es una sublimación de la sexualidad: si la libido es erótica, y ella es la fuente primaria de todos los demás tipos de amor, el concepto de Freud es entendible. Freud además planteó que cuando una persona ama a alguien, lo que intenta es asegurar su autovalía a través de una identificación.

Este resumen sintético de las ideas de Freud acerca del amor nos indica la importancia que existe entre amor y personalidad. Desde la perspectiva freudiana, esta relación puede ser analizada como una sublimación - identificación (Freud y otros); como una compensación (Reik, Walster, Rogers, Maslow, Adler, etc.); como una regresión (Peck y otros); como una proyección, entre otras.

En el capítulo II, expuse otros tipos de conceptos tratando de explicar la misma realidad: la naturaleza del amor, a los que no haré referencia de nuevo aquí. Existen incógnitas alrededor de la naturaleza del amor, para la cual se ha dado un gran número de explicaciones, disímiles unas, complementarias otras. Pero hay un acuerdo general respecto a la relación funcional entre amor y personalidad.

● ● ●

Mi concepto de **experiencia vital** de amor reúne una gran cantidad de incógnitas, pero no hay dudas de que ella (la experiencia vital de amor), está en el organismo humano, es un componente vital de la personalidad a través de la cual se expresa; es compleja y manifiesta características biopsicosociales únicas, y tiene un fuerte y marcado contenido emocional. **Debo aclarar que la experiencia vital de amor no es un homúnculo o entidad**, sino que **son condiciones, actitudes, ideas, valores o conocimientos expresados como una emoción específica: amor.** Tengo que aclarar además, que estas condiciones y situaciones denominadas amor no son expresiones meramente semánticas como opinan algunos teóricos, de modo que si le asignamos otro nombre a la experiencia vital de amor se constituye en otra realidad. En su forma erótica, la experiencia vital de amor es histórica, pero una vez es parte de la cultura biopsicosocial de las personas se convierte en un contenido intrínseco y vital de la personalidad. Es decir, la expresión erótica de la experiencia vital de amor es una realidad que todos los que nos hemos enamorado sabemos que es parte de nosotros.

Las huellas más claras que tenemos de la experiencia vital de amor se encuentran en los matices dejados por las experiencias de aprendizajes de amor. **La primera es el contenido, la esencia, la cualidad, la facultad o capacidad del amor; las segundas son las formas, los matices o las actividades del amor.** No es necesario ser freudiano para saber que las experiencias de aprendizajes de amor en las fases de la etapa infantil juegan un papel importante en los matices de la experiencia vital de amor en la vida adulta. Pero además, las experiencias de aprendizajes de amor están mediadas por todos los contactos e interacciones de las personas: mamá-papá y sus amigos; la escuela, sus profesores, y los compañeros en la escuela; las amistades profundas desarrolladas en el ambiente escolar; los libros leídos y sus ilustraciones; las películas, los muñequitos; las observaciones de la naturaleza: aves, animales, plantas; los sueños, los símbolos y las mitologías internalizadas; las condiciones económicas, sociales y fisiológicas dadas en el proceso del desarrollo; el proceso del desarrollo biológico; las ideas, actitudes y prejuicios hacia el cuerpo, los órganos genitales, el placer corporal; los juegos y sus condicionantes... Los contenidos del amor están envueltos en una amplia variedad de formas que determinan sus matices.

-6-

La experiencia vital de amor es una emoción, y como tal, todas sus expresiones son emocionales. Y la prueba más fehaciente de ello lo tenemos en el amor erótico. La primera etapa de su ciclo, el enamoramiento, es una emoción que sigue todas las reglas de las demás emociones: la vergüenza o timidez, la ira o enojo, los celos, el temor o miedo, el odio o rencor, etc. **El objetivo básico de las emociones es el siguiente: todas ellas maximizan la autoestima.** Este es el primer y básico significado de sus expresiones. *La emoción del enojo al expresarse dice:* "has invadido mis espacios, te has introducido en ellos sin mi permiso y los has violentado. Con mi enojo o ira estoy tratando de hacerte sentir mal, de la misma manera que tú lo hiciste conmigo".

Todas las emociones son defensas utilizadas por la autoestima. Y los dos componentes del enamoramiento, la emoción amorosa y la atracción sexual, también los son a gran escala. La emoción del enamoramiento puede ser una combinación de la identificación, la proyección, la sublimación, la compensación, la regresión, etc., pero en este punto, ese hecho importa poco en contraste con la realidad de que ella es una emoción que procura maximizar la autoestima de la persona que la expresa. Todas las otras emociones procuran maximizar la autoestima utilizando el rechazo o la separación, es decir, concentrándose en el "sí mismo". Con las manifestaciones de todas las otras emociones, las personas reúnen sus energías alrededor de "sí mismas", de sus identidades, como recursos defensivos a cualquier amenaza externa. Eso es lo que sucede con la vergüenza, el temor, el odio, los celos, etc. Con la emisión de todas estas emociones, las personas se retiran, se separan de sus objetos amenazantes y se concentran en sí mismas.

Con la emoción del enamoramiento sucede lo contrario, y aquí está una de las grandes paradojas que complican su existencia. *Cuando yo expreso la emoción de timidez, yo estoy diciendo:* "oye, me siento amenazado (a) por ti, así que te pido sutilmente que te alejes y me permitas disfrutar de mi propia autovalía". *Pero cuando yo expreso la emoción del enamoramiento digo:* "oye, me siento profundamente atraído (a) por ti, así que te pido que me permitas compartir mi autovalía con la tuya". En otras palabras, la emoción del enamoramiento reclama la creación de un sí mismo compartido o *"ego á deux"*. **La búsqueda de vínculo, de creación de "sí mismo" compartido, es la explicación básica dada a la pregunta: ¿por qué las personas forman parejas amorosas?**

Mi idea es la de que, las parejas se forman en los espacios o vínculos psicosociales que sus miembros establecen cuando cada uno encuentra su otro yo. Las percepciones positivas que cada participante de la pareja ve en su otro yo, son las responsables o el punto crítico que lleva a la formación de la pareja optativa. Son las percepciones positivas hacia ese otro yo descubierto las que permiten a sus miembros elegirse mutuamente entre otras alternativas que ellos pudieran tener.

Relacionada con la idea de examinar la emoción del enamoramiento como la creación de mi "yo" compartido está la de Winch (1958), y su teoría de necesidades complementarias; Murstein (1961), quien dice que la pareja está compelida por necesidades similares; Kubie (1956), habla de las discrepancias entre las demandas conscientes e inconscientes de los miembros de la pareja; Framo (1970), lo explica basándose en que las parejas se relacionan con un contrato psíquico de doble vía que implica acuerdos transaccionales; Bowen (1966), dice que las personas tienden a formar parejas con otra que tenga el mismo nivel básico en la diferenciación de su personalidad; Napier (1978), expone que cada miembro de la pareja tiende a escoger a su peor pesadilla; Solomon (1981, 1988), plantea que el amor es la creación de identidad compartida a través de las ideas, los juicios y los valores de sus participantes.

-7-

La expresión de la emoción del enamoramiento en la creación de ese yo compartido estremece los cimientos mismos de la personalidad de sus participantes. No por la idea bastante popular que indica que los seres humanos nos sentimos y percibimos solitarios y separados hasta que no encontramos una pareja erótica, de la cual se deriva el presupuesto de que todos los seres humanos necesitan y buscan a "su otra mitad". La personalidad se sacude en el proceso de la creación del yo compartido posiblemente por lo contrario: el sobre-énfasis cultural que promueve la invasión de sus espacios, entre otras razones. Porque la emoción del enamoramiento no es pasiva, ni receptiva, sino reactiva, activa, dinámica y, sobre todo, creativa. Ella es la responsable de la creación de la pareja amorosa. Ella provee el esperma y el óvulo para su fecundación, aunque otros elementos en el ciclo procesal del amor asumen responsabilidades en su crecimiento.

Tengo que hacer una aclaración pertinente respecto a la autoidentidad y la autoestima, dos realidades que difieren cualitativamente. La primera se refiere a la estructura del yo; la segunda a los valores del yo. Posiblemente en muchas personas, la expresión de la emoción del enamoramiento implique la creación de la estructura del yo, pero la mayoría de las personas tienen sus autoidentidades o las estructuras de sus yoes suficientemente establecidas en el tiempo cuando la emoción del enamoramiento se manifiesta. Son los valores del yo o la autoestima, la creación compartida, que los amantes intentan maximizar con la expresión de la emoción del enamoramiento.

-8-

¿Es posible maximizar la autoestima a través de la expresión de la emoción del enamoramiento?

A partir de la ley básica que rige la expresión de la emoción amorosa tiene que ser posible. Y aquí aparece un aspecto de mi perspectiva al cual le dedicaré más atención en otro apartado. Yo no puedo elegir o crear mi experiencia vital de amor erótico; yo no puedo encontrar a alguien y decirle: "mira, yo he decidido amarte, lo pensé y creo que es lo mejor para mí y para ti...". Yo puedo decidir y elegir, y en realidad siempre lo hago conscientemente, casarme con alguien, tener o no tener sexo, procrear o no procrear hijos, vivir o no vivir juntos, etc. Pero yo no puedo crear mi experiencia vital de amor erótico con el ejercicio de mi voluntad o de mis deseos... Ella

● ● ●

está o no está, se manifiesta o no se manifiesta, aparece o no aparece, fluye o no fluye, transita junto a mi propia existencia en circunstancias y situaciones temporales o no lo hace... Esta realidad esconde uno de los misterios o enigmas de ese proceso emocional complejo que se llama emoción amorosa. Pero, por otro lado, yo tengo la responsabilidad, y siempre lo hago, y todo ser humano lo hace en su vida adulta, de crear y de **recrear mis experiencias de aprendizajes de amor.**

Esta creación y recreación de las experiencias de aprendizajes de amor originan los tipos de amor, entre ellos, el amor erótico que da génesis a la pareja erótica. **Cuando yo expreso la emoción del enamoramiento a través de mis experiencias de aprendizaje de amor en la vida adulta, estoy intentando maximizar, acrecentar, aumentar el sentido de mi autovalía; estoy maximizando los valores de mi yo o autoestima,** y posiblemente intento reestructurar aspectos de mi autoidentidad, si soy un adolescente o me encuentro en la primera juventud, y, en algunos casos, aún en mi plena adultez.

Pero la emoción del enamoramiento procura este objetivo básico en toda emoción, mediante la creación del yo compartido, a través del encuentro de dos yoes, en una interacción de dos identidades, de dos autoimágenes probablemente en tránsito en algunos aspectos. La emoción del enamoramiento intenta maximizar la autovalía escribiendo dos historias paralelas o dialogales, pero nunca separadas.

La expresión de la emoción del enamoramiento es la manifestación del juego de dos personalidades, de dos caracteres tratando de representar una obra teatral que es al mismo tiempo las dos historias de los dos protagonistas. A esta creación de yo compartido ambos protagonistas traen todo lo que han sido, lo que son y posiblemente lo que serán en el futuro, porque de ese proceso ninguno de los dos saldrá siendo la misma persona.

La expresión de la emoción del enamoramiento está representada por fantasías, sueños, mitologías, ilusiones legítimas, traídas a las experiencias de aprendizajes de amor por estas dos personas; ella es la expresión erótica de la experiencia vital de amor de cada una de estas dos personas, hechas carne y huesos, hechas historia.

La emoción del enamoramiento es el intento de la creación de dos conceptos de sí mismo (a), de dos ideas de sí, dos visualizaciones de sí, al mismo tiempo que es también el intento de la creación de dos ideas o conceptos del mundo, de la realidad. Y en este proceso creativo cada participante aporta sus actitudes, sus prejuicios, sus ideas de sí mismo (a), sus valores, su propia filosofía de todo lo que existe.

-9-

Maximizar la autovalía a través de la emoción del enamoramiento tiene que ser posible, porque desde su creación, en la historia de la humanidad, los seres humanos de muchas de las geografías culturales procuran experimentarla. Parece que existe una contradicción cuando me refiero a la creación de la emoción del enamoramiento en la historia de la humanidad, y al mismo tiempo he enfatizado el hecho de que ningún ser humano puede crear o inventar su experiencia vital de amor. Pero no hay tal contradicción.

Si alguna forma de pareja erótica ha existido siempre en la historia de la humanidad, alguna forma de emoción amorosa también. De hecho, han llegado a nosotros muchas historias amorosas de princesas, príncipes, reyes, emperadores, caciques, patriarcas, amazonas de muchas culturas. Algunos ejemplos: Jacob y Raquel, por quien él tuvo que trabajar siete años más debido a que desconocía la costumbre de que el padre entregaba la hija mayor primero que la menor; Salomón cantó hermosas canciones de amor a sus mujeres; entre los griegos encontramos un tratado de amor en *"El Banquete"* de Platón; entre los romanos está *"El Arte de Amar"* de Ovidio; y de casi todas las culturas tenemos poemas amorosos mezclados con las mitologías.

Esas son algunas formas de expresión de la emoción amorosa, aunque todos los estudiosos de la fenomenología de la conducta amorosa admiten que el amor romántico no existió antes del siglo XII de la era cristiana como he expuesto anteriormente. **Cuando yo digo que ningún ser humano es capaz de crear su experiencia vital de amor no estoy haciendo referencia al proceso histórico de la creación del amor romántico.** Desde el punto de vista histórico, todos los tipos de amor, incluyendo el romántico, son creaciones culturales, expresiones del predominio de ideas, conceptos, actitudes, valores, normas, prejuicios. Todos los tipos de amor son el producto de cambios perceptivos, cognitivos, motivacionales, económicos, sociales de las culturas.

Y lo que hoy llamamos romanticismo y practicamos con naturalidad y espontaneidad en Occidente, necesitó quinientos años para lograr los niveles de sofisticación que tiene. El amor romántico al igual que todos los demás tipos de amor, son invenciones culturales, creaciones de la dinámica histórica de la humanidad.

Pero nosotros ya lo tenemos; nacemos, crecemos y morimos con el romanticismo. **Occidente es una cultura romántica. ¿Y quién es la cultura?** Todos los seres humanos que nacen, crecen y mueren en ella. Ellos son los creadores de la cultura. Yo nazco y me desarrollo como un romántico independientemente de mi voluntad o deseo. Yo soy el producto biopsicosocial del romanticismo y, al mismo tiempo, participo de su creación desde que fui fecundado hasta que me introduzcan en el sarcófago.

Así que ni yo, ni ningún ser humano producto del romanticismo puede inventar o crear su experiencia vital de amor erótico. Podemos crear el matrimonio, tenemos que crear algún modelo de pareja erótica, formas nuevas de hacer el amor, de encontrarse; es decir, tenemos que crear experiencias de aprendizajes de amor, tipos o formas diferentes de amor según los objetos que los expresen. Y eso es precisamente lo que hacemos cotidianamente. Pero nadie puede crear o inventar su experiencia vital de amor, tema al que volveré en el próximo capítulo.

-10-

Con la expresión de la emoción del enamoramiento cada participante procura maximizar su autovalía. En algunos casos más difíciles, ellos intentan incrementar los grados de su autoidentidad (las estructuras de sus yoes). Esta tarea es más compleja y problemática, pero legítima como parte de las experiencias de aprendizajes de amor en la vida adulta.

Pero generalmente con la expresión de la emoción del enamoramiento sus participantes tratan de acrecentar los niveles de su autoestima (los valores de sus yoes). La autoestima es más voluble y dinámica que la autoidentidad. La primera está sujeta a constantes cambios y remodelaciones, dependiendo de los papeles que las personas ocupen, de sus circunstancias y situaciones biológicas, psicológicas y culturales. La autoidentidad es más estable y, en sentido general, está definida a partir de la adolescencia, lo que no quiere decir que ella es un componente de la personalidad estable e inmutable. Ella también es dinámica, porque es parte de la vida y, en cierta medida, expresión sobresaliente de la forma humana de vida. Debo aclarar además que lo que llamamos autoidentidad es un concepto, una idea creada por la cultura, la cual difiere de una cultura a otra. Por ejemplo, el concepto occidental de autoidentidad es diferente al oriental.

Las personas experimentan la autoestima con contenidos internos (el sentido que tienen de sí mismas, su autovalía, autopercepción), y con contenidos externos (la belleza, las apariencias físicas, la imagen proyectada hacia fuera y las reacciones de las personas hacia esa imagen a través de comentarios, gestos, etc.).

¿Cuáles aspectos específicos de su autoestima o valores del yo las personas procuran maximizar al expresar la emoción del enamoramiento? Por las conductas que se observan en los rituales de la conquista y el cortejo, ambos contenidos de la autoestima son afectados. En el proceso de creación del yo compartido hay una mutua aceptación que es quizás uno de los elementos con mayor intensidad y energía dentro de dicho proceso. La mutua aceptación de las dos personas que expresa la emoción del enamoramiento produce en ellos un éxtasis. El Dr. Peck, a quien volveré en el próximo capítulo, llama a este estado de éxtasis "el derrumbe de las barreras del yo". El plantea que esta es una experiencia de regresión al estado infantil cuando no había una diferenciación del yo y la realidad externa en el mundo mental de los infantes. Otros teóricos ven esta experiencia como una sublimación o como una identificación, compensación, proyección, fusión de yoes, etc. Sin que importe mucho el nombre que se le asigne, no hay dudas de que en el proceso de creación del yo compartido, sus participantes experimentan sensaciones de éxtasis a diversos niveles.

La expresión de la emoción del enamoramiento produce otro fenómeno: con ella sus participantes asumen y representan papeles sociales. **Tan pronto la emoción del enamoramiento aparece en los espacios biopsicosociales de las personas, ellas adquieren un nuevo papel: el de amantes.** Esta realidad contiene en sí misma una fuerte energía transformadora, tanto a nivel psicológico como sociológico. Los amantes adquieren una nueva identidad que hasta ese momento pertenecía solo a su mundo ideacional. La intensidad de las sensaciones producidas por ese nuevo papel depende en cierta medida de los aspectos envueltos en la siguiente ecuación.

La **persona que asume el papel de amante** se dice a sí misma: "yo te amo a ti, porque tú me amas", o en otra dimensión puede decirse: "yo te amo aunque tú no me ames". En la primera premisa la persona percibe y experimenta su papel de amante como una mutualidad, en la segunda como una unidireccionalidad. ¿Son ambas premisas legítimas? Parece que sí. Existen contradicciones entre los estudiosos de la conducta amorosa respecto a si la emoción del enamoramiento necesita ser correspondida para ser un amor "verdadero", o de si por lo contrario, lo que importa es el hecho de "yo te amo a ti".

La emoción del enamoramiento reclama o demanda la mutualidad. Pero, ¿puede ella existir sin ser correspondida? Algunos opinan que una emoción amorosa no correspondida es una ilusión, no amor. Yo estoy entre ellos. No porque esté en contra de las ilusiones. Ellas son componentes vitales de la emoción del enamoramiento. Pero tener ilusiones sin fundamento es diferente a tener ilusiones románticas con base en alguna pista dada por la otra parte. Cuando una persona dice: "yo te amo aunque tú no me ames", no está haciendo referencia a una ausencia absoluta de correspondencia amorosa, sino probablemente al contraste de cualidades o cantidades de respuestas amorosas. El amor romántico en sus inicios históricos fue una experiencia vivida unidireccionalmente. Tanto los trovadores como los caballeros se complacían con ofrecer sus actos de cortejos a las personas objetos del enamoramiento. Sin mutualidad no hay un proceso creador del yo compartido y, por tanto, las experiencias de aprendizajes de amor se desvanecen aun cuando la expresión erótica de la experiencia vital de amor siga viva por algún tiempo. En el papel de amante existe mutualidad, interacción, correspondencia, en ocasiones desde sus propios inicios, para poder ser representado por sus auspiciadores.

En *"El Banquete"* de Platón, Aristófanes describe el amor, no al romántico que todavía no existía, sino a Eros, como un arte. Lo mismo hizo Ovidio en su *"Arte de Amar"*. En nuestra época moderna hay dos autores clásicos que intentaron describir el amor, en este caso el amor romántico, como un arte. Me refiero a Rollo May en *"Love and Will"*, y a Fromm en *"The Art of Loving"*. Ambos hicieron un gran esfuerzo, y por algo sus libros son clásicos. Ellos expresaron sus perspectivas, sus ideas, sus conceptos, sus actitudes y sus prejuicios acerca del tema del amor. E hicieron un trabajo legítimo y merecedor de respeto. Además, cada de uno de ellos estaba sujeto al *zeitgeist* de su época, como yo lo estoy en este momento también. Muchas personas no están de acuerdo con lo que yo digo en este libro, y supongo que eso no le quitará méritos a mis esfuerzos y logros. May y Fromm comunicaron en sus libros el *zeitgeist* o ideas y conceptos predominantes de su época respecto al amor. Eso es lo que hace cada perspectiva "científica" cuando se comunica. La historia nos indica que son pocos los genios que se adelantan a lo que vendrá después, aunque hay muchos que lo hacen y son bienaventurados.

● ● ●

Pero el amor romántico es un arte que invoca una obra teatral. Un arte que implica lo privado y lo público, aunque a los amantes les interesan más sus propias experiencias privadas. Volveré sobre este tema, pero ahora quiero decir que si en algo están concentradas las energías de la expresión de la emoción del enamoramiento, ese algo es el mundo privado de sus participantes. *El amor como arte contiene componentes estéticos:* "Eres lo más bello del mundo"; *perceptivos:* "tú estás dentro de mí"; *sensoriales:* "cuando me miro en el espejo te veo a ti, no a mí"; *creativos*: "yo soy feliz cuando pienso que te tengo a ti". El amor romántico como arte está lleno de fantasías, sueños, ilusiones y mitologías. Esta parte del arte del amor es quizás la más descuidada y criticada por los estudiosos, pero ella es una de las más ricas, reforzantes y vitalizadoras del papel de amante.

CAPÍTULO IV

EL MILAGRO DE LA INTIMIDAD

"... 'CONTIGO me olvidaría de mis crisis por un momento...', comentó Adolfo mientras observaba una mujer caminar frente a él. Ella estaba medianamente vestida, con sus muslos exuberantes descubiertos, y dejando traslucir la esbeltez de la parte media de su cuerpo con una blusa descotada por encima del ombligo.

UNA MUJER y un hombre enamorados son la síntesis del amor. Los observo en los cafés, en las esquinas, en los parques, en los teatros..., de pie, sentados, acostados. Todos los enamorados se parecen: ríen de las más inverosímiles jocosidades, mueven las manos constantemente, toman objetos y los tiran, los destruyen, se tornan locuaces, dominadores del idioma como el mejor de los gramáticos...

'TODOS los amores tienen sus artificios', le dije a Adolfo mientras lo vi irse con sus miradas, sus pensamientos, su respiración y sus emociones tras la figura incógnita de mujer, que con el poder de su femineidad conquistó su libido sin pronunciar una sola palabra.

'PERO los artificios de los amores los vuelven apetecibles', me respondió Adolfo.

Y PENSÉ en los 'te quiero, pero este amor es imposible' enunciados después de consumir las energías de las pasiones; y en los 'no quiero vivir sin ti, pero no puedo seguir con este juego'.

'LOS AMORES son como los imperios: cuando desaparecen las razones que los sostienen desaparecen ellos también', fue la cita de Milan Kundera que le verbalicé.

Pero Adolfo seguía apegado al cuerpo femenino deslumbrante que trastornó sus estados de ánimo en esa mañana tórrida.

La mujer se detuvo a pocos metros de nosotros, y sonriente y juguetona besó con pasión los labios de un joven que la esperaba. Colocaron sus brazos en sus cuerpos respectivos, y se ausentaron.

LOS AMORES no solo tienen artificios caprichosos, sino también masoquismos enigmáticos. Los dos enamorados se alejaron exuberantes de felicidad, y yo reflexioné en algunos de los masoquismos del amor: *'Sé que no me quiere, pero...'*; *'Yo no lo (a) quiero, sin embargo...'*; *'Me hace daño quererlo (a) así pero, ¿qué puedo hacer?...'*; *'No soy digno de su amor...'*; *'Para ganar su amor debo entregarme totalmente...'*; *'Tengo que sufrir para ser digno (a) de su amor...'*.

'UNA MUJER enamorada es inconquistable, amigo', me dijo Adolfo interrumpiendo mi proceso mental.

'Y UN hombre enamorado también lo es', le respondí.

UNA MUJER interrumpió nuestro dialogo. Adolfo y ella se besaron en los labios. *'Es mi novia'*, me dijo. Cuando cumplieron con el ritual de las presentaciones se excusaron, porque solo 'disponían de cuarenta y cinco minutos para hacer todo lo que hacen los enamorados cuando se encuentran furtivamente...' Cuando se alejaban pensé que todos los enamorados se comportan iguales con el tiempo de que disponen.

PORQUE los gestos de la ternura son los mismos en todas las culturas. Ellos no discriminan los sexos, los niveles educativos, la clase social, los estatus socioeconómicos, los colores de la piel, las edades cronológicas, ni los aspectos físicos de los que están enamorados. Los que están enamorados se creen dioses creadores de duendes, de musas y sueños corporativos... Los que están enamorados no ven el mundo con los mismos ojos que los que no lo están; no sienten ni perciben la naturaleza (agua, hojas, colores, animales, aves, sol luna, estrellas, montañas), en idénticas maneras. Los enamorados son víctimas de las magias de los dioses". (Del libro de relatos cortos ya publicado "Los Reinos de la Ternura", escrito por el autor de este libro).

El enamoramiento y la pasión son las dos etapas vitales y definitorias del amor erótico. La primera es la parte del ciclo o proceso que da su orientación, su matriz, su configuración. El enamoramiento es la síntesis de la esencia del proceso por el que el amor erótico transita; el elemento definitorio de su química; su punto crítico y preparatorio, su motivo y razón. Si comparamos el amor erótico con un árbol, el enamoramiento es su tronco; si lo hacemos con un edificio, es la zapata; con un automóvil, es el motor; con una figura geométrica, es la forma física que la define. Con pocas palabras:

solo existe amor erótico allí en los espacios biopsicosociales donde haya algún grado o nivel de enamoramiento. Entender adecuadamente la etapa del enamoramiento es comprender cabalmente el tipo o forma de amor que llamamos romántico o erótico.

Los matices de experiencia vital de amor en forma de amor romántico que existen hoy surgieron con timidez en el siglo XII. Fue a partir de ese periodo histórico que las personas empezaron a armonizar sus impulsos sexuales, los mismos que han existido en toda la historia de la humanidad, con motivos ideacionales o fantasiosos. Las intimidades amorosas comenzaron a ser justificadas no como un medio para preservar la especie, agradar a Dios, etc., sino como un estilo de vivir. Las intimidades amorosas adquirieron identidad en sí mismas independientemente de sus fines.

En *"El Banquete"* de Platón hay un elogio a Eros, pero la cultura griega no podía producir el amor romántico debido a sus ideas acerca de las interacciones entre los sexos. Los griegos solo practicaban el amor entre los hombres, y aunque tenían sexo con las mujeres para cumplir sus responsabilidades con la metrópolis, lo percibían como un acto vulgar. Pero además, el amor que practicaban no podía llamarse romántico, ya que no era un acto de libre elección entre sus partes. Los hombres mayores de la aristocracia griega se solazaban con jóvenes que estaban obligados a servirle debido a la diferencia en sus posiciones sociales. Con algunas diferencias, esta misma realidad se traspasó y generalizó a la cultura romana.

El amor romántico es una mezcla de las ideas primitivas, antiguas, medievales y modernas acerca de la sexualidad. En el libro de Platón mencionado, Eros procura la bondad y la belleza; en el Medioevo, el amor presenta la unión de dos, en respuesta a la filosofía romántica de que el sexo es la fuerza de la vida fluyendo a través de nosotros. El romanticismo le asigna valores propios al amor y a la sexualidad, los cuales son practicados independientemente de los fines externos que puedan tener. Tanto Platón como el Cristianismo contribuyeron y aportaron al desarrollo del amor romántico. Platón por su énfasis en la idealización como un componente del amor, y el Cristianismo por enfatizar la importancia de las emociones, de las experiencias individuales de fe y del amor, aunque en su caso no era al Eros de Platón al que se refería, sino a caritas, philia o ágape. De ese último énfasis surgió un nuevo concepto en el siglo XIV: *"el amor platónico"* inventado por el monge filósofo, Marcino Ficino, en Italia.

* * *

Cuando el amor cortesano nació en el siglo XII, su principal aspiración era la perfección a través de la admiración y la adoración de la belleza por los **trovadores** y por los **caballeros** con esos propósitos. Esas actitudes e ideas eran nuevas en el marco de las interacciones de los sexos. Debo destacar, además, que esas nuevas ideas y actitudes entre los sexos fue una actividad practicada por la aristocracia y la clase alta. El **romanticismo** en sus inicios fue un lujo sofisticado al que la mayoría de la gente no tenía acceso, además de que no tenía nada que ver con el matrimonio. Todo lo contrario, fueron las mujeres aristocráticas casadas las que inspiraron esa nueva forma de cortejar y admirar la belleza física femenina.

Singer sugiere que el amor romántico en sus inicios tenía cinco características que lo describen como un hecho novedoso en la historia de la humanidad: 1) que el amor sexual hombre-mujer se convirtió en un ideal en sí mismo; 2) que el amor ennoblecía tanto a quien amaba como a quien era amado; 3) que el amor sexual era un logro tanto ético como estético; 4) que el amor estaba relacionado con la cortesía y el cortejo, pero no necesariamente con el matrimonio; 5) que el amor implicaba una unidad "sagrada" hombre-mujer.

En relación a la última característica expuesta por Singer, es importante recordar que el amor romántico es parte de la filosofía romántica que enfatiza una fuerte concepción del yo, la autonomía individual y la pasión. La idea de la expansión del yo individual, del yo interno, o lo que Stone llama *"el individualismo afectivo"*, es una premisa necesaria y condicionadora en la creación y desarrollo del amor romántico.

Otro aspecto importante es el siguiente: la idea de la ligazón entre amor romántico y matrimonio no fue parte del primero en sus fases iniciales. De hecho, el matrimonio tampoco existió en la idea platónica del amor, ni en la de Ovidio. El amor cortesano del siglo XII fue una alternativa a los males del matrimonio, antes que una búsqueda de él. El amor romántico por varios siglos fue una rebelión a la idea del matrimonio. Los grandes romances de los siglos XIII al XVI fueron amores "ilícitos" o clandestinos (Guinevere y Lancelot, Tristán e Isolde). Los trovadores iniciadores del amor cortesano procuraban liberar a las mujeres de sus matrimonios políticos realizados sin amor. **La síntesis amor-matrimonio aparece en el siglo XVII en las comedias de Shakespeare.**

Una síntesis de lo que he escrito anteriormente diría que el amor romántico es el resultado histórico de la síntesis del

Eros griego, el amor idealista cristiano y de la filosofía moderna del Romanticismo. Este enfatiza el yo del individuo como una actitud fundamental frente a sí mismo y a la realidad externa.

¿Cuándo surgió entre los seres humanos la experiencia vital de amor? Si está bastante claro que ella no ha estado en la "naturaleza humana" desde los inicios de la humanidad como plantean algunos, responder esa pregunta con precisión histórica es una tarea difícil. Los rastros históricos de la experiencia vital de amor tenemos que seguirlos en aquellos dejados por las experiencias de aprendizajes de amor que han dado origen a los diferentes tipos o formas de amor. Al parecer los seres humanos desarrollaron formas trascendentes de amor antes que formas inmanentes. Por muchos siglos, las culturas humanas estuvieron dominadas por formas trascendentes de amor: diversos dioses y diosas, ritos mágicos, prácticas religiosas dirigidas a diferentes divinidades (el viento, el agua, el sol, la luna, el fuego, etc.). Los amores inmanentes: mamá-papá, relativos, eróticos, aparecieron más tarde.

El punto álgido es el siguiente: los seres humanos necesitan tener la experiencia vital de amor desarrollada en algún grado, antes de poder crear experiencias de aprendizajes de amor. La experiencia vital de amor necesitó un nivel de desarrollo antes de que los seres humanos tuvieran sus primeras experiencias de aprendizajes de amor materno-paterno; la paternidad y la maternidad estaban con ellos, pero no la sofisticación de la apreciación de ellas que se conoce como amor materno-paterno; lo mismo sucedió con el amor a los hermanos y familiares, quienes antes del surgimiento del concepto de familia, no era posible ni siquiera distinguirlos, mucho menos amarlos.

La experiencia vital de amor es un proceso emocional complejo. Ella es parte esencial de la vida y fluye al unísono con ella, pero al mismo tiempo está ligada a la adquisición y desarrollo de sofisticaciones espirituales o psíquicas. Ella tiene expresión con la vida misma, en sus aspectos históricos, psicológicos y culturales. La experiencia vital de amor ni se adquiere ni ejerce por elección o el ejercicio de la voluntad. En su esencia básica, la experiencia vital de amor es indeterminada, pero adquiere su carácter y personalidad a través de las experiencias de aprendizajes de amor, las cuales se dan y surgen desde que las personas nacen, y para algunos, algunos meses después de la fecundación.

La experiencia vital de amor se expresa con carácter propio en cada tipo de amor. Ella es la emoción amorosa

● ● ●

esencial que existe en los diferentes tipos o formas de amor. Y en cada uno de ellos expresa su propia vitalidad, energía, sustancia, matiz y signo, sin perder los aspectos de su esencia. Con el amor erótico, por ejemplo, ella adquiere expresiones eróticas.

Las experiencias de aprendizajes de amor son expresiones específicas del proceso emocional complejo que yo denomino experiencia vital de amor. Y los tipos de amor que ellas producen son los espacios biopsicosociales de la experiencia vital de amor manifestada como emoción amorosa. Las experiencias de aprendizajes de amor a través de los tipos o formas de amor definen, determinan y eligen los objetos externos de amor (mamá-papá, hermanos, amigos, amantes...).

Yo como ser biopsicosocial poseo mi experiencia vital de amor; ella me fue dada en el paquete. A través de los contactos con mi realidad, ella se ha sofisticado en sus apreciaciones estéricas, filosóficas, religiosas, etc. Por tanto, yo no puedo elegirla y mucho menos crearla. Las sensaciones, emociones, percepciones, inclinaciones y predilecciones de mi experiencia vital de amor están conmigo, y son al mismo tiempo independientes de mí. Yo no puedo decidir y crear experiencia vital de amor hacia mamá-papá, pero sí tengo que decidir y crear y recrear experiencias de aprendizajes de amor vital hacia ellos. Lo anterior se aplica a todos los otros tipos de amor.

-3-

Las experiencias de aprendizajes de amor transformadas en amor erótico o romántico aparecen en las vidas de las personas cuando ellas se enamoran. Fue Jean – Paul Sartre quien dijo que el amor es un escape a la responsabilidad, y supongo que lo dijo debido a que la manifestación de la emoción del enamoramiento produce esa apariencia.

Millones de personas creen que la emoción amorosa es un sentimiento. Pero ella es una emoción. Ella viene envuelta en sentimientos, y refleja sus síntomas, pero es una emoción con componentes sentimentales fisiológicos: palpitaciones, aceleraciones del corazón, sudores de las manos, sequedad de los labios, temblores en el cuerpo; y componentes sentimentales psicológicos: excitaciones y sensaciones placenteras o displacenteras, angustias, ansiedades, pánicos, etc. Todas las emociones contienen componentes sentimentales. Por ejemplo, la emoción de temor o miedo está acompañada de sensaciones o sentimientos displacenteros para la mayoría de la gente; lo mismo sucede con el odio o rencor, la vergüenza o timidez, los celos, ira o enojo.

En la emoción del amor erótico hay una mezcla compleja de sensaciones o sentimientos; pero generalmente los que tienen tonos placenteros se imponen; en la emoción del enamoramiento los intervalos placenteros son más largos que los displacenteros. Aunque en ella existe una amalgama de sentimientos y sensaciones, las percepciones placenteras son más estables e intensas que las no placenteras. Aún más, en situaciones y circunstancias específicas, los polos de la emoción misma confluyen con el odio, los celos, la vergüenza, pero de nuevo el poder de la emoción del enamoramiento sobresale e impone sus reglas del juego.

Confundir la emoción amorosa con las sensaciones fisiológicas y psicológicas que acompañan a los sentimientos es común. No hay dudas de que en la emoción amorosa hay sentimientos intensos, pero ellos no son la emoción del amor, sino los frutos o componentes de él. El amor es una emoción que contiene sentimientos como sucede con todas las emociones, pero ellos no son la emoción, sino que pertenecen a ella. Una característica de los sentimientos que envuelven la emoción del amor es que son excesivamente volubles.

Los sentimientos y las sensaciones de placer y excitación que acompañan la emoción del enamoramiento son síntomas de su existencia, pero no su realidad. Las personas que toman los síntomas por la realidad, y filtran y asimilan su experiencia vital de amor erótico y sus experiencias de aprendizajes de amor de esa manera, producen consecuencias desalentadoras; porque no logran experimentar la emoción amorosa en sí misma, sino sus síntomas, sus reflejos, sus apariencias o matices.

¿Por qué la emoción del enamoramiento contiene tanto poder? **Porque ella es autoreflexiva.** Los enamorados experimentan un intento de despertar interior. La emoción del enamoramiento requiere ser absorbida, e impulsa a los enamorados a la obsesión por y con ella. Ese fenómeno es parte del poder inherente a la emoción, y es además necesario para que ella pueda ejercer sus dominios en el mundo mental de los que la poseen.

¿Qué otro efecto básico produce el carácter autoreflexivo obsesivo de la emoción del enamoramiento? Un efecto es que permite que los enamorados se abran no al mundo y ni siquiera a varias personas, sino a una sola: aquella que provoca la emoción. Cada amante procura descubrirse y definirse en los términos de su consorte en la búsqueda de una unión mutua de yo. Aquí está parte del poder hipnótico del enamoramiento. Un poder que produce autotransformaciones en los espacios biopsicosociales de sus participantes.

El poder de la emoción del enamoramiento se encuentra situado en su espina dorsal: la energía de la idealización. Es esa energía la que produce el estado de éxtasis fantasioso que se observa a diferentes niveles en los enamorados. Fue la fuerza de la idealización (las fantasías, las ilusiones, la obsesión por la unión con otro ser a quien se admira y adora), la que dio origen al amor romántico, la misma que lo sostiene hoy día. Idealizar a otra persona es un fenómeno de doble vía: parte del yo de quien idealiza, hacia el yo de quien es idealizado en búsqueda de la mutualidad de yoes.

Ese proceso es la esencia de la emoción del enamoramiento. Ella produce la creación de un yo compartido. Los estudios difieren respecto a quién se beneficia o perjudica en el proceso. ¿Se aprovechan las personas con niveles altos de autoestima o las que tienen niveles bajos? ¿Cuáles se perjudican? Theodor Reik y Elaine Walster opinan que este proceso es un intento de compensación, y que las personas con niveles bajos de autoestima son más propensas a enamorarse que las que tienen niveles altos. Maslow, Rogers y Adler dicen lo contrario: las personas con niveles altos de autoestima son más capaces de amar.

Ya en *"El Banquete"* de Platón, el amor es definido como la búsqueda de otro yo. Según Aristófanes, en el principio todos éramos seres dobles y perfectos, hasta que fuimos partidos en dos por Zeus. Apolo arregló las dos mitades, pero nos hizo seres incompletos.

El tema central del amor romántico es la autoidentidad (la estructura del yo), y la autoestima (los valores del yo). El amor romántico es una paradoja: él busca lo mismo que quiere negar. Para su existencia presupone al individuo libre, entonces a través de sus procesos los individuos tratan de vencer su individualidad. Kafka lo describió perfectamente: el amor es un drama de contradicciones.

Pero esta es la realidad experiencial y necesaria de la emoción del enamoramiento. Su expresión en los espacios biopsicosociales de hoy invoca el mito descrito por Aristófanes: la aspiración y búsqueda de la unión con otro ser para iniciar el proceso de creación de yoes compartidos, para de nuevo convertirnos en seres humanos totales y completos. ¿No es esa la fantasía que los enamorados se comunican cuando se miran a los ojos?

Cuando hablamos del predominio del romanticismo nos estamos refiriendo a los estadios ocupados por la cultura del amor erótico. Enamorarse es adquirir una nueva forma de percibir el mundo a través de la cultura del amor erótico. Una cultura que necesitó quinientos años para alcanzar los grados de sofisticaciones que tiene hoy día. Pero, además, ella contiene en sus entrañas innumerables desniveles, aun cuando sus esencias permanezcan invulnerables.

Las experiencias de aprendizajes de amor difieren en matices de una cultura amorosa a otra, pero la experiencia básica de la emoción del enamoramiento, así como sus concomitantes perceptivos, motivacionales y cognitivos tienen pocas variaciones. La cultura romántica conserva aspectos de su esencia invulnerables donde quiera que ella haya impuesto sus poderes. Y los enamorados se comportan casi en idénticas maneras en todas las geografías culturales del romanticismo.

La nueva forma de percibir el mundo experimentada por los enamorados es el efecto del poder autoreflexivo

obsesivo contenido en la emoción del enamoramiento. El enamoramiento puede suceder rápidamente, lo que se llama "amor a primera vista o flechazo de Cupido", o mediante un proceso de cortejo, pero el poder autoreflexivo obsesivo de la emoción del enamoramiento se manifiesta en ambas maneras.

Aunque anteriormente me he referido al cortejo como un elemento del "ritual de la conquista", en el estadio actual del desarrollo de la cultura romántica es atinado preguntarse lo siguiente: ¿Se corteja cuando ya existe la emoción del enamoramiento, o antes? ¿El ritual de la conquista produce el enamoramiento, o al revés? Mi perspectiva es la de que, la emoción del enamoramiento está ya presente en algún nivel en el momento en que las personas entran a participar del ritual de la conquista. Pero el ritual de la conquista es un preámbulo indicativo u orientador de la emoción.

Algunos estudiosos del fenómeno amoroso olvidan que la emoción del enamoramiento también se produce en fases. Ellas pueden tener intervalos cortos o largos, de unas horas, a unos días, o meses, o años. En Norteamérica, por ejemplo, las fases del enamoramiento son cortas. Las personas no disponen de mucho tiempo para dedicárselo al ritual de la conquista. Además, el cortejo es bastante directo: un contacto visual indicativo (los norteamericanos no acostumbran mirarse directamente), y una invitación a comer. Pero aun ellos tienen una palabra, "*dating*", para indicar que están viendo a alguien con fines amorosos. En otras culturas, los intervalos de las fases de la emoción del enamoramiento son más largos. Hay otros factores implicados como las edades, los rasgos en la personalidad e, incluso, los géneros, a los que dedicaré un espacio posteriormente.

¿Es enamorarse una decisión tomada por sus participantes o es un acto involuntario? ¿Me enamoro porque decidí enamorarme o fui víctima del poder de la emoción del enamoramiento? Respondiendo esas dos preguntas se han escrito muchas páginas.

La experiencia vital de amor frente a la experiencia de aprendizajes de amor. Ninguna persona puede elegir o crear su propia experiencia vital de amor. Ella fluye con la vida de cada persona; ella vibra a tono con el organismo humano, al unísono con todas las respuestas vitales contenidas en cada existencia; ella es parte de todos los procesos esenciales de la vida. Por tanto, como sucede con la vida, la experiencia vital de amor impregnada en cada persona surge, se manifiesta, emite sus signos frente a los condicionantes propiciados por la propia vida. Por eso, ella es general y particular al mismo tiempo; específica y única, como es la existencia de cada ser humano, a la vez que sus señales indican las generalidades de la especie.

Pero yo no puedo decirle a una persona: *"he decidido amarte, por tanto, puedo decirte que te amo..."* La experiencia vital de amor no pertenece a los reinos de la voluntad o a los de los deseos, sino a los reinos de la curiosidad y del descubrimiento. Ella transita con las etapas, las fases y los procesos de la vida, y da sus señales en medio de circunstancias y situaciones auspiciadas por esos procesos. Las experiencias de aprendizajes de amor sí necesitan ser elegidas y creadas. Yo no puedo decidir los caminos de mi experiencia vital de amor, pero sí tengo que escoger y crear cada paso efectuado por mis experiencias de aprendizajes de amor. Y en términos de ellas, sí puedo decirle a una persona: "he decidido amarte, por tanto, puedo decirte que te amo...". ¿Cuál es la diferencia entre estas dos verbalizaciones con idénticos significados fonéticos y semánticos? La primera diferencia es etimológica: las dos proposiciones no tienen el mismo origen. En la primera, yo debo crear la experiencia vital (con sus percepciones, sensaciones, sentimientos, actitudes, prejuicios), y darle vida en mis actos amorosos. Pero yo no puedo crear mi experiencia vital de amor en los espacios biopsicosociales donde ella no existe, aunque yo quiera hacerlo. Ella está o no está, en el sentido activo y fluyente o dinámico; se manifiesta o no lo hace; expresa sus matices o está en estado latente en la vida de las personas. Por otro lado, la segunda expresión es el fruto de la experiencia vital de amor en acción, en ejecución, en manifestación. "He decidido amarte...". En el segundo caso, es la verbalización de algo que ya existe; yo no tengo que crearlo, solo expresarlo, manifestarlo, experimentarlo como aprendizajes en mis actos amorosos; yo no tengo que darle vida a mis experiencias de aprendizajes de amor, solo dirección adecuada, cursos apropiados. En este sentido, ellas necesitan ser creadas y recreadas, inventadas y reinventadas en mis actos amorosos cotidianos en la vida adulta. Por eso existen experiencias de aprendizajes de amor de todos los matices, las cuales producen una enorme diversidad de modelos de parejas eróticas.

Ya dije que la **autoreflexión obsesiva** es un componente básico de la emoción del enamoramiento que permite a los enamorados concentrar una gran cantidad de sus energías en la creación de un yo compartido.

Ahora voy a comentar acerca de otro componente ligado a la autoreflexión obsesiva que también forma parte de la cultura de la emoción del enamoramiento. Me refiero a la infatuación.

La infatuación es el resultado del proceso de éxtasis que envuelve a los participantes de la emoción del enamoramiento. La infatuación produce fantasías idealizadas dirigidas hacia el otro yo, pero ella también está mezclada con el sentido de autoseguridad, los valores, las creencias, de quienes están infatuados. Ella es parte de la cultura de la emoción del enamoramiento, y ejerce sus efectos entre sus participantes en aspectos como: el control de la propia vida, los permisos dados a la otra persona para el ejercicio de poder, el dominio de los sentidos y de las percepciones. En ocasiones la infatuación influye en los objetivos y logros de la vida, así como en la percepción del amor como carrera o profesión, en vez de como un medio de disfrutar los placeres de la vida, entre otros medios. **La infatuación es la autoreflexión obsesiva observándose en el rostro de la otra persona; es la búsqueda de la perfección a través de la perfección idealizada del otro yo encontrado.**

La infatuación como componente de la cultura de la emoción del enamoramiento es aún más poderosa cuando ella aparece en las experiencias de aprendizajes de amor en lo que se ha llamado "amor a primera vista o flechazo de Cupido", que no es más que una simple manifestación de la expresión erótica de la experiencia vital de amor. No existe tal cosa "amor a primera vista", pero sí existe la afloración de la experiencia vital de amor erótico a las superficies de las experiencias de aprendizajes de amor. Sus primeras señales **son "las atracciones indeterminadas"** que algunas personas experimentan como "amor a primera vista o flechazo de Cupido".

Hay varias teorías que explican el **porqué del "amor a primera vista"**, lo que yo llamo manifestaciones o afloramientos de la experiencia vital de amor erótico. **La primera es la teoría de identificación elaborada por Freud**, quien la ligó a la relación hijos-madres. Los estudiosos de este fenómeno hoy día incluyen un abanico más amplio de posibilidades, y relacionan la identificación no solo con los padres, sino también con otro gran número de experiencias vividas por las personas afectadas: contactos con familiares, amigos, compañeros de escuela, modelos tomados de novelas, películas y la vida real, sueños, fantasías y mitos adquiridos, entre otros. **Una segunda teoría explica el "amor a primera vista" en función de la lujuria**: ella no es más que el despertar de fuertes deseos sexuales que las personas racionalizan ética o moralmente como amor. **Una tercera teoría plantea el fenómeno a partir del poder que la atracción física** ejerce en los seres humanos. **Otros exponen la necesidad de aprobación o aceptación** como su matriz originadora, **mientras para algunos su génesis se encuentra en la llamada "cultura de la soledad",** según la cual los humanos están "compelidos inevitablemente" a la búsqueda de la compañía de otro ser como medio de evitar y superar su alienación; ligada a este último punto, **aparece otra opinión que origina el "amor a primera vista" en la "cultura de la reproducción de la propia vida",** la cual enfatiza que los humanos no estamos completos hasta que "sembramos un árbol, escribimos un libro y tenemos un hijo ". **Por último, el "amor a primera vista" es explicado a partir de la "cultura del hedonismo"** o la búsqueda del placer como impulso vital de la existencia.

Todas estas teorías contienen matices de validez, pero desde mi perspectiva es imposible que exista un "amor a primera vista". No es que dicha experiencia esté fuera del alcance de los seres humanos; todo lo contrario, millones de personas la viven diariamente. Lo que está equivocado es su denominación, el nombre asignado a la experiencia. El amor erótico existe como un proceso complejo de emociones, como un ciclo, y se manifiesta en etapas perfectamente discriminadas.

• • •

Lo que las personas experimentan como "amor a primera vista" es la primera señal dada por la expresión erótica de la experiencia vital de amor (facultad o cualidad amorosa, según otros teóricos). Es la afloración de los signos vitales de su existencia en los organismos de las personas, a través de sus experiencias de aprendizajes de amor. Tomar los signos por la realidad es altamente perjudicial para las experiencias de aprendizajes de amor. Este aspecto lo trato en otra sección.

La emoción del enamoramiento tiene una agenda, cuyo objetivo básico es maximizar la autovalía de sus instrumentos: los amantes. La autovalía es la expresión de la autoidentidad (la estructura del yo, y de la autoestima o los valores del yo). En apartados anteriores he escrito acerca de estos dos conceptos, pero los lectores lo encontrarán como una constante en este libro debido a su importancia en relación al tema tratado.

Los valores del yo se expresan a través de dos mundos: **el mundo interno o el concepto de sí mismo**: cómo la persona se percibe, se enjuicia, se valora, se aprecia a sí misma; cuál es la opinión que ella tiene de sí misma; y **el mundo externo o la imagen de sí misma**: cómo la persona recibe, filtra, acepta y asimila los juicios, las valoraciones, las opiniones que los otros expresan acerca de ella.

Cuando la expresión de la emoción del enamoramiento es la búsqueda de la creación del yo compartido impulsada por la estructura del yo o autoidentidad, **la persona se dice a sí misma:** "necesito tu amor porque soy víctima de la vida", o "necesito tu amor porque estoy desamparada en el mundo... Tú eres lo único que tengo". Estas urgencias hacen referencia a la estructura del yo, a la identidad misma. Los enamorados las filtran como manifestaciones de amor, y no hay dudas de que lo son, legítimas además. Lo importante para un estudioso del fenómeno romántico no es "la patología de este tipo de expresiones", asignándole rótulos negativos a los vínculos amorosos que las contengan, sino hacer un análisis de su existencia en términos de sus resultados. Todavía más, la creación de un yo compartido impulsado por la autoidentidad puede decir: "en el proceso de reorganización de mi existencia tú eres mi última esperanza". Es cierto que este es un clamor desesperado, pero él también es parte de la existencia de millones de personas a quienes la expresión de la emoción del enamoramiento las encuentra en el proceso de establecer no aspectos volubles de su autoestima, sino porciones vitales de su autoidentidad. Las experiencias de aprendizajes de amor son las que originan los resultados de esos procesos. ¿La expresión de la emoción del enamoramiento encontró a ambas personas en el proceso de establecer sus autoidentidades o solamente a una? ¿Ambas logran acuerdos emocionales en el proceso de creación del yo compartido? Las respuestas a estas preguntas influirán en el ciclo del amor.

El paradigma de vida que indican las definiciones anteriores es el paradigma de carencia-compensación. Las personas que procuran la maximización de su autovalía, estructura del yo o autoidentidad a través de este paradigma dicen de sí mismas: "me percibo sin poder para enfrentarme a mí mismo (a) y al mundo"; "no tengo valores o recursos intrínsecos, y necesito la cultura del amor como compensación a mis carencias"; "me percibo desvalorizado (a), desventajado (a), y, al mismo tiempo, víctima del mundo exterior a mí...". Y además, para estas personas el amor no es un medio o un instrumento en la vida, sino un fin en sí mismo.

Por otro lado, las personas que procuran la creación de un yo compartido impulsada por los valores del yo o autoestima, verbalizan sus experiencias de aprendizajes de amor en los siguientes términos: "yo soy una persona completa en los aspectos básicos de mi existencia, pero quiero compartir mi felicidad contigo a quien percibo con una imagen perfecta"; o "a veces me percibo desventajado (a) en algunos aspectos de la vida, cuando estoy contigo mi imagen en el espejo se completa"; o también de esta manera: "tú eres el prototipo de persona que yo aspiro ser en el futuro". Estas verbalizaciones contienen la idealización fantasiosa del otro yo, porque la autoestima está inseparablemente ligada a la expresión de la emoción del enamoramiento, pero tienen un tono que indica mayores niveles de autovalía.

El paradigma de vida envuelto en estas verbalizaciones es el siguiente: "yo tengo mi propia identidad establecida, al mismo tiempo que tengo una autoestima flotante"; "te amo porque eres la imagen de la persona a la que yo aspiro...". Estas personas perciben el amor como un medio, no como un fin, el cual utilizan para completar la imagen y el concepto que tienen de sí mismas.

-5-

¿Por qué la búsqueda de la maximización de la autovalía a través de la imagen de otro yo? Las hipótesis que responden esta pregunta varían, pero todas pueden agruparse debajo de uno de estos dos conceptos: 1) porque las personas perciben inseguridad en su autovalía; y 2) porque las personas quieren comprobar y demostrar su autovalía.

Los dos conceptos son válidos, sin que importe mucho que el proceso de búsqueda de maximización de la autovalía se explique como una sublimación–identificación (Freud y sus seguidores); como una compensación (Reik, Walster, Maslow y otros); como una regresión (Peck). Las percepciones de inseguridad y el deseo de comprobar y demostrar la autovalía están presentes como agentes motivantes cualesquiera que sean los enfoques explicativos.

Desde mi perspectiva teórica, la búsqueda de la maximización de la autovalía por medio de la imagen de otro yo, está también impulsada por otros factores. **En primer lugar, ella expresa una característica impregnada en la emoción del enamoramiento: la curiosidad.** La capacidad de autodescubrimiento se considera un motivo poderoso en la infancia y la adolescencia. La curiosidad es la primera chispa que enciende los actos de aprendizajes, y no hay duda de que ella está entre los factores que originan el proceso objeto de análisis.

Otro factor influyente es **el poder inherente a la autoreflexión obsesiva de la idealización de otro yo.** Este poder mueve a las personas a la búsqueda de autoiluminación y realización interior en función del otro yo idealizado.

La fuerza de la cristalización o canalización del propio yo a través de otro yo es otro factor. Ella funciona como una energía impelente y propulsora de los deseos de comprobar o demostrar la valía del propio yo frente a otro yo idealizado. Ligada a esa fuerza de cristalización está la imaginación fantasiosa inherente a la idealización, la cual procura la autoperfección a través de la imagen de otro yo como la medida de la perfección búscada.

Por último, el proceso de la búsqueda de la maximización de la autovalía a través de la imagen de otro yo es la externalización de todos los aprendizajes internalizados por medio de palabras, gestos, miradas, contactos, sueños, expectativas, fantasías; la externalización de aprendizajes internalizados a través de modelos vicarios: padres, relativos, amigos, la escuela, los libros, las revistas, el cine, la televisión. La externalización permite que las personas confirmen y definan su autovalía frente a otro yo tomado como imagen idealizada.

El yo que la expresión de la emoción del enamoramiento procura crear es fundamentalmente ideacional, pero legítimo en mi opinión. Esta es una de las diferencias entre mi perspectiva y la de la mayoría de los estudiosos del amor romántico. La tarea de crear el propio yo a través de la idealización de otro yo es altamente significativa para la existencia de las personas que la emprenden. El poder de la idealización es parte de la capacidad de elección amorosa, y tenemos que recordar que el desarrollo de este concepto necesitó muchos siglos para transformarse en dominante, incluso como componente del amor romántico. Pero además, la idealización contiene significados simbólicos que pertenecen a la experiencia vital de amor, los cuales manifiestan sus señales aun en las culturas donde el amor romántico no predomina. Estas no son románticas de forma, aunque sí lo son de contenido. La experiencia vital de amor es intrínseca a la existencia humana moderna. Sus formas tienen infinitas variaciones y matices, pero sus contenidos son los mismos en todas las culturas con suficiente nivel de sofisticación entre sus miembros componentes, como para aceptar la realidad del individuo y su capacidad simbólica y mitológica. **Todas las culturas tienen rasgos de alguna forma de teratología o cosmogonía**, en la cual está impregnada la experiencia vital de amor en su forma trascendente o inmanente.

● ● ●

154

La expresión de la emoción del enamoramiento es además la representación experiencial de otras realidades dignas de mencionarse. **Primero**, ya dije que ella representa una paradoja o contradicción: ella necesita la individualidad y su poder de elección para existir, pero al mismo tiempo, ella niega su carácter individualista cuando procura la creación de un yo compartido. Este hecho caracteriza la emoción del enamoramiento como uno de los aspectos excelsos de la existencia humana. La experiencia vital de amor en su forma erótica es paradójica porque la vida también lo es.

Segundo, el mensaje emitido por la emoción del enamoramiento es parabólico: aparenta estar en la búsqueda de otro yo, cuando en realidad está expresando su propia búsqueda de manera simbólica. Cada yo intenta acrecentar su propia autovalía en compañía de otro yo idealizado.

Tercero, la idealización de la emoción del enamoramiento es hiperbolizado por la imaginación fantasiosa con el propósito de energetizar su búsqueda de perfección. Pero esta idealización hiperbólica de otro yo es un componente necesario e imprescindible de la emoción del enamoramiento. Sin ella todos los enamorados se percibirían tal y como son, lo que pondría obstáculos quizás insalvables al "milagro de la intimidad". La perfección del otro yo tiene que ser maximizada por la idealización, para que el yo en búsqueda de perfección lo encuentre atractivo. Lo interesante de este fenómeno es que se realiza generalmente como una mutualidad.

Cuarto, la emoción del enamoramiento expresa una metáfora: el yo es una totalidad o unidad integradora que mediante la emoción del enamoramiento manifiesta las modulaciones o disociaciones en las que él se divide. Las modulaciones son capacidades intrínsecas de la vida que permiten que ella diversifique sus especies. En las culturas románticas, la metáfora del enamoramiento representa una de las poderosas modulaciones del yo, la que expresa además los niveles experienciales de la vida, los prejuicios, las actitudes, los valores alcanzados por los amantes. Cada amante comunica con sus actos de amor los grados de sofisticación que su yo ha logrado en términos de la cualidad de la emoción amorosa, los colores de los cristales con que observa la realidad, la filosofía que utiliza para explicársela...

Enamorarse es aspirar a la trascendencia del propio yo a través de la imaginación fantasiosa. Es una forma ingeniosa de escribir dos historias paralelas o dialogar. Un aspecto relevante y predominante de esa aspiración a la trascendencia del propio yo es la excitación con que emprende su trayecto. Esta excitación es el resultado de la transformación conceptual que el yo experimenta, junto a su imaginación y fantasía de que el otro yo será también transformado. Stendhal denominó ese proceso como cristalización, que es la que permite que las fantasías del yo sean congruentes con la realidad ideacional proyectada hacia el otro yo. André Guide habla de un proceso contrario llamado descristalización (la pérdida de la fantasía ideacional hacia el otro yo); pero en mi opinión, algo de excitación de la mutua transformación del yo permanece entre los amantes. La transformación conceptual del yo permite que cada amante le diga al otro: "Yo te amo por lo que seremos en el futuro".

Si el ciclo del amor progresa, la autotransformación se torna en un proceso de mutua transformación de yoes. Y el mensaje comunicado es el siguiente: *"nos amamos porque somos diferentes"*. A este nivel los enamorados experimentan vibraciones de mutua atracción, entonces entran en la fase dialogal de la excitación: *"yo te amo", dice uno; "y yo también te amo", responde otro.*

Platón se planteó la pregunta: "¿se ama a alguien porque es atractivo, o se percibe atractivo porque se ama?". Cuando los yoes entran al proceso de mutua transformación conceptual, el orden de la atracción pierde importancia, porque lo que ellos dicen es: *"yo no estoy viendo en ti lo que eres ahora, sino lo que serás después..."*. La imaginación fantasiosa predomina como fantasías mágicas e impone sus reglas de juego al proceso de mutua transformación del yo. Algunos estudios indican que los mejores amantes están entre las personas con una rica capacidad imaginativa.

-6-

El acto creador de la emoción del enamoramiento: la pareja erótica. He estado utilizando emoción del enamoramiento para referirme a todos los contenidos y componentes de la primera etapa del ciclo procesal por la que el amor erótico transita: el enamoramiento. Esta primera etapa tiene dos componentes básicos: la emoción amorosa y la atracción sexual. He hecho pocas referencias específicas a la atracción sexual por dos razones esenciales: 1) no veo antítesis antagónicas entre la emoción amorosa y la atracción sexual, sino síntesis, complementación. Ellas son dos componentes de una misma esencia, de una misma realidad: el amor erótico; 2) en la sección dos me detendré a analizar la perspectiva histórica de dos conceptos denominada por Singer (1984) como lucha conceptual entre los "idealistas" y los "realistas", así como al desarrollo de mi punto de vista.

La pareja erótica es un acto creador de la emoción del enamoramiento. Ella es su obra maestra. Algún modelo de pareja erótica surge de su expresión en los espacios biopsicosociales de los enamorados. Hay algunos pensadores y estudiosos del amor erótico que plantean lo contrario: **la pareja erótica crea el amor.** Pero una ecuación con ese orden es imposible. Una pareja, en este caso no erótica, puede crear un matrimonio o varios, o una "relación amorosa", o una familia. Pero una **pareja erótica,** fíjese que utilizo dos palabras en el concepto, **solo puede ser creada por la emoción del enamoramiento.** Los niveles o grados cualitativos en que las dos personas pueden estar enamoradas es otro asunto; si están "realmente enamoradas" también, al igual que si "permanecen enamoradas". Material para otro tipo de discusión también es el modelo de pareja erótica que las dos personas crean.

La pareja: el milagro de la intimidad. Estoy haciendo énfasis en el hecho de que la emoción del enamoramiento provee los óvulos y los espermas para la fecundación de la pareja erótica, debido a las falsas concepciones que existen no solo entre el público lector no "especializado" en el fenómeno del amor, sino también entre los mismos "especialistas". Autores respetados en esta materia expresan aversión, o al menos reservas hacia la emoción del enamoramiento, entre ellos: Tennov, Katz, Wlster, Peck... Dicha aversión y/o reservas se justifican basado en las siguientes confusiones: 1) una descontextualización del amor romántico en sus aspectos históricos, filosóficos, psicológicos, fisiológicos y culturales ; 2) el oscurecimiento de conceptos básicos, entre ellos el de pareja erótica, relación, matrimonio, "amor verdadero", "amor falso", anti amor; 3) la pérdida de la perspectiva cíclica procesal del amor erótico, el cual se realiza o completa en etapas nítidamente discriminables con sus fases y componentes respectivos.

Este apartado está dedicado a la confusión número dos, y contextualizado en la confusión número tres. Es necesario e imprescindible poner a la pareja erótica en su justo lugar; ella tiene que ocupar el espacio que le corresponde en ese cúmulo de ideas y conceptos que rodea el estudio del amor romántico, antes de que logremos algún grado de claridad conceptual.

La pareja erótica es el engendro natural y único de la emoción del enamoramiento. Y esto incluye las parejas eróticas que pueden existir en los espacios culturales donde el amor romántico no exista como idea predominante. En estas últimas culturas se crea el matrimonio que es la idea predominante, pero el matrimonio no crea la pareja erótica, aunque sí puede propiciarla a través de los contactos, comunicaciones y conocimientos mutuos que él provee a sus participantes. Lo que define la pareja erótica es el milagro de la intimidad propiciado por la expresión de la emoción del enamoramiento.

Las intimidades físicas, psíquicas y sociológicas que las parejas eróticas alcanzan han sido denominadas como un milagro. Un milagro porque esos estados violan y rompen las barreras más resistentes con que los seres humanos se cubren: las autofobias y las fobias dirigidas hacia afuera; las corazas protectoras, las armaduras defensivas que las personas utilizan para conservar su homeostasis biopsicosocial, para preservar la privacidad de sus espacios vitales, especialmente aquellos referidos a su unicidad, individualidad e identidad. Con sus estados de intimidades físicas, psíquicas y sociológicas, las parejas eróticas empiezan a combatir sus autofobias y las fobias hacia afuera, y cada consorte inicia un proceso de participación, de comunión, que implica una mutualidad antifóbica. Ellas inician el proceso de creación de yoes compartidos impulsadas por factores que señalé en otros apartados. La intimidad es un milagro al mismo tiempo que es un fenómeno complejo. Ella puede ser estudiada y analizada psicológica, sociológica, antropológica y culturalmente. Pero su esencia sigue siendo compleja. Mi planteamiento de que ella es fruto de la expresión de la emoción del enamoramiento no resuelve su complejidad, pero sí pone algunos puntos sobre sus "íes". Las mismas aversiones y reservas que los investigadores del amor tienen hacia el enamoramiento las reflejan hacia la pareja erótica. Quizás por eso hay tan pocos libros enfocados específicamente en ella. Existen cientos de miles de libros tratando el matrimonio, las relaciones amorosas, el amor diseminado en miles de conceptos con poca utilidad práctica; pero la pareja como entidad biopsicosocial resultante de la emoción del enamoramiento, depositaria y creadora, una vez existe como tal, del ciclo procesal del amor erótico en etapas, poseedora y comunicadora de la experiencia vital de amor y de las experiencias de aprendizajes de amor, creadora de los modelos de parejas eróticas que se adecúen a sus experiencias de aprendizajes de amor, ese concepto e idea de pareja ha sido objeto de poca atención por los teóricos del romanticismo. El libro *"Open Marriage"* de los esposos O'neil es una de las pocas excepciones.

-7-

El libro *"The Road Less Traveled"* (El Camino Menos Transitado) del Dr. Peck, en la lista de libros más vendidos en el *New York Times* por muchos meses, es un buen ejemplo de la confusión número dos que estoy tratando de esclarecer en este apartado. Voy a detenerme en el libro de referencia para resaltar algunos conceptos. Debo aclarar que el libro me inspira respeto y consideración.

Empezaré por la definición de amor que el Dr. Peck ofrece. Utilizo la versión en inglés del libro *"The Roas Less Traveled"*, edición 1978, Touchstone Book. Las traducciones son de mi responsabilidad. El Dr. Peck dice que el amor es "la voluntad para extender el propio yo con el propósito de enriquecerse a sí mismo y/o el crecimiento espiritual del otro". Él admite que la definición puede ser inadecuada, sin embargo, el desarrollo completo de sus ideas acerca del amor se basa en ella. Tengo pocas objeciones a su definición de amor, pero muchas de las conclusiones que el Dr. Peck deriva de ella merecen comentarios.

Autoamor y amor hacia fuera. Para el Dr. Peck ambas formas de amor van de las manos y son indistinguibles una de la otra. En mi perspectiva, las formas o tipos de amor emanan y fluyen de la experiencia vital de amor, y toman sus formas y matices en los procesos de las experiencias de aprendizajes de amor vividos por las personas. Pero sus direcciones son diferentes. El autoamor se expresa y está contenido en el propio objeto que lo origina. El autoamor es una forma de automanifestación de la autoestima o valores del yo; el amor erótico, como he explicado en apartados anteriores, es la búsqueda de la creación de yoes compartidos. Pero esta búsqueda se dirige hacia afuera, hacia un objeto o imagen idealizada de otro yo que está objetivamente fuera del yo emisor.

Existe una autoreflexión obsesiva en la emoción del enamoramiento que tiene expresión hacia fuera, a través de la introspección obsesiva mostrada por el yo en sus intentos de comunicación, de conexión y de vínculo con otro yo con el propósito esencial de maximizar la propia autovalía. En mi libro *"La psicología del Amor: aprender a Amar"*, Vol. 1, le dediqué un capítulo al concepto de autoamor o autovaloración. Allí expuse la idea de que el autoamor es diferente a las otras formas o tipos de amor en términos de sus objetos. La autovaloración está dirigida hacia la persona que vive y ejecuta; es una extensión del yo que involucra a la persona como entidad única, aunque cuando ella mira hacia fuera hay varios espejos en los cuales puede observarse y aprender.

Si lo que el Dr. Peck quiere decir es que el autoamor emana de la misma capacidad, facultad o cualidad amatoria que los otros tipos de amor (erótico, fraternal, filantrópico, materno-paterno, el ágape, etc.), ese es otro punto. Pero el autoamor pertenece a una categoría diferente de amor, no en su contenido, sino en sus formas. Confundir estas dos formas de amor crea igual confusión que la que crea la primera etapa del ciclo procesal del amor erótico, el enamoramiento, con su totalidad. El autoamor es una forma de amor diferente al amor erótico. Ellos están unidos solamente por sus contenidos, pero no por las formas que toman sus actividades, objetivos, objetos y componentes definitorios.

Amor, voluntad, deseo y elección. Mis conceptos de experiencia vital de amor frente a las experiencias de aprendizajes de amor disuelven muchas de las confusiones que hay en relación a las cuatro ideas que inician este párrafo. Ningún ser humano puede elegir su experiencia vital de amor como elige su carro, la ropa para vestirse, la comida, el lugar para vivir. **La experiencia vital de amor** fluye al unísono con la propia existencia, y su manifestación está sujeta a las circunstancias y situaciones biopsicosociales por las que ella transite. La experiencia vital de amor, no es un objeto de la voluntad o deseo, de modo que se evoca y guarda a voluntad. En cierta medida ella tiene su propio reloj cíclico, y funciona accionada por los procesos de la vida, incluyendo sus situaciones y circunstancias biopsicosociales. **Pero yo sí tengo el poder para elegir a voluntad mis propias experiencias de aprendizajes de amor**, mis formas o tipos de amor junto a sus respectivos matices; tengo el poder, y debo ejercitarlo, para crear mis propios modelos de pareja erótica a través de los cursos seguidos por el ciclo procesal de las etapas del amor erótico. **Yo no puedo elegir el contenido de mi amor, pero sí puedo elegir sus formas.** El primero me es dado por los procesos de mi propia vida, las segundas las produzco yo en esos mismos procesos.

El enamoramiento (*falling in love*). El análisis acerca del enamoramiento del Dr. Peck se basa en la teoría de la regresión. Él explica el enamoramiento como un derrumbe temporal de las barreras del yo, como una experiencia de regreso y fusión con el objeto amado, recordando aquellos tiempos infantiles cuando el yo no tenía barreras con la realidad externa. Para el Dr. Peck, las percepciones y las fantasías ilusorias propias del enamoramiento son falsas, y su idea central es que el "amor verdadero" se inicia cuando las barreras del yo vuelven a su lugar, y se produce una nivelación entre la afectividad y la racionalidad. Él denomina este proceso "desenamoramiento" (*falling out of love*), el cual da inicio al "amor verdadero" que, según el Dr. Peck, no tiene sus orígenes en sentirse enamorado. "El amor verdadero" ocurre en un contexto en el cual sentirse enamorado no existe, pero que aún las personas actúan con amor.

En las explicaciones teóricas del Dr. Peck hay una confusión de las partes con el todo; de un componente del ciclo con la totalidad del todo; de una etapa con todas las etapas, pero llevado a su extremo negativo: el "amor verdadero es la ausencia absoluta del enamoramiento", dice el Dr. Peck. Más lejos aún: para experimentar el "amor verdadero" es necesario desenamorarse primero. Más adelante, el Dr. Peck admite que el enamoramiento es necesario para el matrimonio, pero en su teoría no está claro si el enamoramiento es un componente del amor erótico. Quizás su teoría se esclarece un poco con las tres razones que él ofrece para demostrar que enamorarse no forma parte del "amor verdadero".

De acuerdo al Dr. Peck, la **primera razón** por la que enamorarse no pertenece a los linderos del "amor verdadero" es porque, al enamorarse, las personas no ejecutan un acto de la voluntad. Para mí no está claro a cual realidad el Dr. Peck está haciendo referencia: si a **la experiencia vital de amor,** o a una de sus **manifestaciones que la experiencia vital de aprendizajes de amor** transforman en amor erótico. En mis perspectivas teóricas, todas las personas eligen enamorarse, y pueden evocar las situaciones, circunstancias y hechos que rodean dichas experiencias: una mirada, un beso, un roce corporal, oír un tono de voz, oler un perfume, un gesto de atención, etc. La experiencia vital de amor es diferente, porque ella puede emanar de un sueño, una fantasía, de una lectura, una película, una música, una flor... La experiencia vital de amor es indeterminada, no específica. Ejerciendo mis experiencias de aprendizajes de amor, yo me enamoro de un ser en particular, y decido hacerlo en un ejercicio de mi propia voluntad. El enamoramiento tiene un objeto específico; él es un proceso que se realiza por fases, al mismo tiempo que inicia un ciclo procesal que se completa por etapas: el amor erótico. El enamoramiento es una respuesta, una manifestación de la experiencia vital de amor, pero cada persona adulta elige y crea las experiencias de aprendizajes de amor que completan sus fases. El enamoramiento no es el amor, sino una de sus etapas. Él es la etapa del amor erótico que lo define y orienta como una forma o tipo de amor diferente; de esta primera etapa del amor erótico surgen muchas de sus características, pero no todas, debido a que hay otras tres etapas en el ciclo procesal. No existe amor erótico sin enamoramiento, como no existe agua sin H_2O. Pero el H_2O no es el agua, como el enamoramiento no es el amor erótico. Todas las personas adultas que eligen enamorarse, lo hacen porque todas ellas eligen participar voluntariamente de sus experiencias de aprendizajes de amor, aunque muchas de ellas pretenden ser víctimas de sus fases.

La segunda razón por la que el Dr. Peck opina que enamorarse no forma parte del "amor verdadero" es porque al enamorarse las personas no alcanzan una extensión de los límites de sus yoes, sino un derrumbe parcial y temporal de ellos. De acuerdo al Dr. Peck, en el "amor verdadero" hay una experiencia permanente de autocrecimiento, mientras que en el enamoramiento las personas no hacen esfuerzos para crecer.

Está claro que el Dr. Peck está confundiendo el todo con una de sus partes. La emoción del enamoramiento como primera etapa del amor erótico es un acto de descubrimiento, el inicio de un trayecto, la definición de un objetivo, de una meta y de un proyecto. Ella es la apertura de un yo hacia otro yo intentando acrecentar la autovalía; ella da inicio al desvanecimiento de las autofobias y de las fobias hacia fuera, con el propósito crear un nuevo y transformado yo en comunidad, en unión con otro a quien se experimenta mágico, perfecto, y se imagina idealizado. Por eso, la expresión de la emoción del enamoramiento tiene el poder de producir o crear la pareja, que es un milagro de las intimidades de dos yoes que procuran aumentar su autovalía contando con el otro. El enamoramiento es el inicio de un proceso, no el final. Y es lógico que sus participantes están concentrados en sí mismos, debido a que lo que cada uno ve en el otro es la imagen idealizada de su propio yo. Las personas enamoradas tienen un largo trayecto por delante en el proceso de su amor, pero todas las experiencias vividas en su primera etapa, el enamoramiento, son legítimas y necesarias.

La tercera razón por la que, según el Dr. Peck, enamorarse no pertenece al "amor verdadero" es porque el enamoramiento tiene poco que ver con la intención de procurar el crecimiento espiritual de la otra persona. Quienes se enamoran solo les interesa terminar su soledad, además de creer que han alcanzado los espacios más altos de su amor. Las personas enamoradas están contentas con estar enamoradas en perfecta paz con ellas mismas y con los objetos de su amor a quienes perciben como seres perfectos o con faltas insignificantes.

La autoreflexión obsesiva contenida en la expresión de la emoción del enamoramiento produce estos efectos. Pero ellos son necesarios. Primero, dada la naturaleza básica del amor erótico: la búsqueda de la maximización de la propia autovalía. Segundo, la imaginación de ambos yoes es el producto de una idealización. Dicha imaginación podría denominarse como una fantasía ilusoria. Pero es a través de ella que la emoción del enamoramiento expresa su excitación, su júbilo, el estado de éxtasis que desvanece las autofobias y las fobias hacia fuera, para iniciar el milagro de la identidad de dos yoes. Para empezar el trayecto del amor transitando sus etapas. Si cada yo enamorado percibiera al otro yo de la forma en que él se percibe a sí mismo (imperfecto, con posibilidades de completamiento, pero inacabado, en construcción), entonces el amor erótico no sería una posibilidad, una probabilidad. Porque eso es lo que el amor es en su primera etapa: una posibilidad y probabilidad de llegar a ser, no un hecho acabado. La imaginación idealizada de ambos yoes permite que muchos iniciadores del ciclo del amor erótico sigan hacia adelante y completen sus etapas. Otros se devuelven; algunos reinician, y otros más mueren intentando lograrlo...; pero la posibilidad y la probabilidad del amor erótico siempre están dadas, y es posible iniciarlas por su primera etapa: la emoción del enamoramiento.

● ● ●

El Dr. Peck admite que el enamoramiento es una respuesta humana a los motivos sexuales internos y externos, que aumenta la probabilidad del apareamiento sexual con el propósito de la sobrevivencia de la especie. Más aún, él opina que el enamoramiento es un truco de los genes que entrampa a las personas dentro del matrimonio. Según él, sin ese truco o ilusión perceptiva temporal las personas no pronunciarían los votos del matrimonio. Y por último, el Dr. Peck dice que "el enamoramiento no es el amor en sí mismo, pero sí es parte del gran esquema misterioso del amor...".

Esto último es exactamente lo que es, pero sin desmérito. La emoción del enamoramiento tiene sus valores históricos, antropológicos, psicológicos y sociológicos intrínsecos. Primero, ella es parte de ideas y conceptos que tienen su origen en periodos específicos de la historia. Ella es componente de un movimiento de ideas que ha evolucionado y cambiado de matices en el transcurso del proceso evolutivo de la humanidad. Segundo, ella no es parte de toda la humanidad, pero sí es un elemento predominante en las culturas de muchas sociedades humanas, ella forma parte de un concepto que ha ejercido poderosa influencia en las concepciones filosóficas, existenciales, económicas, políticas y sociales de las sociedades donde predomina la cultura del amor romántico. Yo entiendo el hecho de que muchos investigadores quieran deshacerse de la cultura del amor romántico, o al menos de algunos de sus elementos. Pero es posible ejercer ese derecho sin distorsionar la realidad. Posiblemente sea difícil investigar la cultura del amor romántico con criterios objetivos, ya que esta es un fenómeno del cual todos formamos parte. Pero es posible hacerlo con una buena porción de objetividad.

-8-

"Amor verdadero", "amor falso" y "anti amor". El estudio de cualquier forma de la realidad necesita la utilización de concepto para describirla. Los conceptos "amor verdadero" y "amor falso" probablemente sean útiles para enfatizar perspectivas. Pero en mi opinión, ellos crean mitos psicosociales desventajosos en las gentes. Por ejemplo: ¿quiénes pueden determinar qué es un "amor verdadero" y qué es un "amor falso", aparte de los propios amantes? Las experiencias de aprendizajes de amor durante la adultez son únicas y personales. Solamente las personas que están involucradas en dichos aprendizajes son capaces de evaluar con propiedad los matices de su amor, el modelo de pareja erótica que desean crear, la calidad de las experiencias amorosas que las satisface, etc. Y los conceptos "amor verdadero" y "amor falso" crean una bipolaridad engañosa, incluso cuando ellos son buenos descriptores de categorías. Categorías subjetivas, por supuesto, y ahí se encuentra su primera debilidad: ellos exponen a sus participantes al ofuscamiento de las experiencias subjetivas contenidas en la emoción del enamoramiento.

Desde mi propia perspectiva, el concepto de anti amor es válido y útil. Es además, más efectivo para evaluar la realidad biopsicosocial denominada amor erótico. Anti amor, alude no solo a una descripción, sino esencialmente a una comparación sin el agregado de otro adjetivo. En una experiencia de aprendizaje de amor específica existe amor o anti amor (aunque ella puede contener amor y anti amor en grados diferentes debido a un innúmero de factores), pero no un "amor verdadero" contrapuesto a un "amor falso". Los amantes manifiestan amor o anti amor, y en muchas circunstancias y situaciones de la vida ambas realidades al mismo tiempo. ¿Cómo distinguir uno del otro? Todas las experiencias de aprendizajes de amor en la adultez son únicas, y se ajustan a la ecuación de cada personalidad. Pero hay dos criterios orientadores: primero, la expresión erótica de la experiencia vital de amor es indeterminada, fluyente y dinámica, al mismo tiempo que sus vivencias intrapsíquicas tienen características generales en términos de la cultura del amor erótico; segundo, el amor erótico tiene objetivos y metas que sus participantes deben lograr. Entre esas metas hay una básica: la creación de la pareja erótica. Algún modelo de pareja erótica es siempre el engendro de la expresión de la emoción del enamoramiento, porque ella es una realidad que no existe en el vacío o en la nada.

¿Cuándo se crea el anti amor en los espacios de las conductas de los amantes? Cuando sus conductas amorosas no se dirigen hacia la creación y desarrollo de un modelo de pareja erótica o cuando el modelo de pareja que ellos crean es altamente insatisfactorio para sus participantes. El anti amor es la antítesis del amor erótico no porque sea un amor falso, sino porque no cumple o satisface los objetivos y las metas básicas del amor erótico. Las personas acostumbran a emplear el factor tiempo cuando hacen referencia a los "amores verdaderos" o a los "amores falsos". Este criterio no es válido dentro del concepto del anti amor. Un amor erótico puede durar un mes, un año o cincuenta años, y todavía ser considerado un anti amor. Aún más: dos personas pueden crear y desarrollar una pareja erótica que dure el transcurso de sus vidas, y sus conductas amorosas ser definidas por ellas mismas como un **anti amor** durante todo ese proceso o en una gran parte del mismo.

• • •

-9-

Las complejidades de géneros frente a la emoción del enamoramiento. Aunque en la sección de Romance-intimidad frente a la comunicación me detengo en este punto, aquí tengo que exponer algunas ideas que son importantes para la comprensión del concepto de la emoción del enamoramiento.

Las formas como las personas empiezan a adquirir sus identidades, en las primeras fases del desarrollo humano, son admitidas como un factor influyente en las diferencias observadas en la expresión de la emoción del enamoramiento a partir de los géneros de sus participantes. Desde que Freud planteó que el amor nace en la infancia como fruto del apego a necesidades satisfechas, y que "el primer objeto erótico del niño son los senos de su madre", todas las teorías acerca de la naturaleza del amor tienen que hacer alguna referencia a la infancia.

Las complejidades entre géneros y emoción del enamoramiento han originado los debates más apasionados en el transcurso de toda la historia de la cultura del amor erótico. Primero, el feminismo, movimiento que aun con sus puntos hiperbólicos ha influenciado positivamente la compresión de las diferencias en la expresión de la emoción el enamoramiento a partir de los géneros de sus participantes; segundo, un movimiento masculino con pocos años de existencia, pero que ya está dejando sentir su influencia. Este presenta al hombre, como un ser liberado de ideas patriarcales en sus relaciones con el sexo opuesto. De lo segundo, el ejemplo más conocido es el de Robert Bly y su libro *"Iron John"*.

¿Cuál es el punto álgido de discusión? Las ideas que permean el tema son las siguientes: el sexo masculino adquiere su identidad al cuidado de una mujer y, por lo general, desapegado emocionalmente de su padre; en el caso de la heterosexualidad, él regresa a una mujer a quien toma como objeto de sus afectos en su vida adulta. El sexo femenino adquiere su identidad al cuidado de una mujer, desapegado físicamente de su padre; en el caso de la heterosexualidad, ella regresa a un hombre a quien toma como el objeto de sus afectos en su vida adulta.

¿Qué influencia tiene esta realidad en la expresión de la emoción del enamoramiento como búsqueda de la creación de yoes compartidos? Esa influencia depende de lo que sucedió o dejó de suceder en las etapas y las fases del desarrollo, las situaciones y circunstancias que lo rodearon, el producto adulto de identidad (estructura del yo) y de autoestima (valores del yo) emanado del proceso de desarrollo, y cuáles aspectos de ese producto las personas traigan a sus experiencias de aprendizajes de amor en la vida adulta.

Uno de los productos de esa diferencia en la identidad y autoestima transferido a la expresión de la emoción del enamoramiento en la vida adulta es el yo real y el anti yo. En esta realidad se encuentra una de las razones por las cuales a muchas personas se les dificulta distinguir o saber si están expresando amor o anti amor. Este último es el producto del anti yo, que tiene sus raíces en las discrepancias que rodean la adquisición y el desarrollo de la identidad de ambos sexos. No existe nada perjudicial en las diferencias en la autoestima, sino en las formas como se autoevalúen y expresen esas diferencias; en las percepciones que acompañan la búsqueda de su maximización.

Las personas con niveles bajos de anti yo transitarán el ciclo procesal de las etapas del amor erótico con percepciones desventajosas de la autoseguridad y de la autoconfianza, diferentes a aquellas con niveles altos de anti yo, las cuales contribuirán a que su búsqueda de autovalía a través de la creación del yo compartido se realice como un proceso real de autocompletarse, y no como uno de disminución del autovalor. **Todas las personas tienen valores de su yo real y valores de su anti yo** y, además, es imposible no transferir elementos de ambos a la búsqueda de la creación de yoes compartidos en la adultez. La expresión de la emoción del enamoramiento remueve los cimientos mismos de la identidad humana. **Pero mientras más elevados niveles de yo real** las personas expresen en la emoción del enamoramiento, mayores garantías tienen de estar adquiriendo autovalor. **El anti yo suma anti valor a las experiencias de aprendizajes de amor.** Esta es una de las razones por la que muchas personas emergen profundamente vacías de sus experiencias de aprendizajes de amor.

La marcada diferencia que existe en la creación y desarrollo de las identidades de los dos géneros parece delinear una disparidad acerca de los valores del yo que ambos sexos procuran en la expresión de la emoción del enamoramiento. **Esta disparidad luce estar enmarcada en los aspectos que implican los conceptos de yo real y de anti yo,** y más específicamente, en el aumento de la autovalía procurada por la expresión de la emoción del enamoramiento en la vida adulta. Cuando esta se expresa envuelta en cantidades excesivas de anti yo, el resultado obtenido es el incremento del sentido de anti valía, en lugar del aumento de la autovalía buscado por las personas enamoradas.

-10-

La emoción del enamoramiento es la expresión de la inconformidad del yo. Cuando la experiencia vital de amor se manifiesta como amor erótico ella es el despertar de la insatisfacción del yo. Las personas comunican un estado de inconformidad del yo con la expresión de la emoción del enamoramiento.

Esa inconformidad e insatisfacción del yo es además la revelación de **una desarmonía entre el yo idealizado y el yo experimentado** por las personas; una incongruencia entre el yo real y el anti yo. Los factores de inconformidad e insatisfacción del yo energizan la expresión de la emoción del enamoramiento. Ellos contienen un poder motivador en sí mismos, a la vez que inyectan razones psíquicas a las personas enamoradas para estarlo.

Sin la inconformidad e insatisfacción del yo, las personas no encontrarían razones ni motivos suficientes para enamorarse. La búsqueda de la maximización de la autovalía del yo, a través de la expresión de la emoción del enamoramiento, es un acto de inconformidad e insatisfacción. Este acto genera y permite que actúen varios hechos en los espacios biopsicosociales de los enamorados.

Primero, el acto de inconformidad e insatisfacción del yo dirige a este hacia una **introspección obsesiva,** cuya diferencia con la autoreflexión obsesiva consiste en que, en la primera, la persona está más consciente de los procesos internos que está experimentando. Mientras que la **introspección obsesiva** está centrada en los procesos intrapsíquicos, **la autoreflexión obsesiva** lo está en la realización de las idealizaciones fantasiosas creadas alrededor del otro yo.

Segundo, la introspección obsesiva tiene una contrapartida en su expresión: **La introspección posesiva** o la percepción del otro yo como una extensión del propio yo. Esta realidad es una de las responsables del sentido de posesión y propiedad que los enamorados experimentan.

Tercero, las dos polaridades introspectivas fruto de la inconformidad y la insatisfacción del yo posibilitan la creación de mutualidad de yoes, mediante la cual los yoes comunicados se perciben fusionados en uno solo.

● ● ●

181

Todos estos procesos contienen un poder inherente a ellos mismos: **el poder de la excitación transformadora y de la curiosidad.** El yo inconforme e insatisfecho está poseído de curiosidad y de excitación transformadoras de sí mismo y del otro yo, cuando el primero se da cuenta que su idealización de perfección no era ciento por ciento real. La excitación y la curiosidad mantienen los dos yoes comunicados aún después del conocimiento de rasgos de mutua imperfección.

Todos estos procesos son legítimos, pertenecen a la expresión de la emoción del enamoramiento, y auspician la creación y desarrollo de la pareja erótica.

CAPITULO V

LA EXPERIENCIA VITAL DE AMOR, LA IDENTIDAD
Y LA NATURALEZA DEL AMOR

"SENTADOS debajo del árbol frondoso Ibis y Fito dejaron fluir en sus mentes las experiencias que habían compartido con seres extraordinarios.

ESE día, el sol iluminaba las olas y las aguas palpitantes parecían gaviotas enternecidas. La brisa dibujaba poesías en las arenas movedizas. El vaivén de los sonidos producía una estela de quietud. Las aguas y las arenas sostenían un romance platónico.

Y en un momento de ternura apasionada, originado en los recónditos orificios del mar, surgió el ser enloquecido de amor. Esbelto y tranquilo. Húmedo y soleado. Emergió como una ola transitoria, caminó sobre las espumas de las aguas fluyentes, y pisó la tierra madre. 'Soy Ibisfito, hijo de Afrodita y Venus. He venido a bautizarlos con las aguas de los dioses'.

IBIS y Fito palidecieron. Sus piernas temblaban, sus dientes tiritaban, sus ojos parpadeaban y sudaban, sobre todo sudaban sus cuerpos, como si de repente captaran para ellos todos los sudores del universo. Como si sus cuerpos aprehendieran todos los temores acumulados por la humanidad.

• • •

'YO comprendo sus temores', dijo Ibisfito, 'porque ahora ustedes están representando a todos los dioses que han enloquecido de amor'.

IBIS y Fito no lograron pronunciar una palabra. Pero tampoco eran necesarias las palabras. Porque todo estaba definido. Perfectamente definido. Ellos estaban representando a todos los dioses, a todas las mitologías, mientras Ibisfito representaba a todo lo viviente con reproducción sexual. Era humano, porque había desarrollado la capacidad del lenguaje (aunque en realidad podía comunicarse en todos los idiomas); era pez, porque podía habitar en las profundidades de las aguas; volaba como águila; recordaba como los elefantes; tenía la velocidad de una gacela; la fuerza e intrepidez de los leones; la resistencia de los camellos; la piel de un cocodrilo; la sagacidad de las serpientes; pero conservaba las dudas de los poetas.

IBISFITO era un ser indefinido y definido. No se acomodaba exactamente a ningún parámetro de los establecidos por las culturas humanas. Era un ser civilizado y primitivo. Sano y enfermo. Loco y cuerdo. Manso y salvaje. Blanco, negro y amarillo. Mujer y hombre. Viejo, niño y adolecente.

IBIS Y FITO subieron al árbol frondoso. Y teniendo como testigos al mar con sus olas, sus espumas, sus sonidos; a las arenas movedizas bañadas por la brisa; a las gaviotas coloridas con sus vuelos juguetones; al sol acalorado con su luz emblanquecida; al cielo azul e indefinido, espacioso y calmado; a las rocas esculpidas por la historia; a las hojas envejecidas por la luz; allí, frente a todos sus temores reunidos; junto a todos los resquicios de sus cuerpos enternecidos; en armonía existencial con todos los dioses, con todas las mitologías, con todas las normas culturales aprendidas; allí, en ese rincón físico del árbol, en ese espacio geográfico de la tierra madre, en ese pedazo pasajero, efímero y fugaz del tiempo; en ese instante, en representación de la humanidad incorporada, en público, y desnudo y sin resquemores, ni inhibiciones, ni represiones, ni sublimaciones, ni proyecciones, sin pautas, ni presupuestos establecidos, hicieron el amor.

IBISFITO observaba sus movimientos rítmicos, sus gestos placenteros, sus sudores, oía sus quejidos y palabras preorgásmicas. Y en el momento crítico, en el instante crucial de sus orgasmos, los bautizó con las aguas de Afrodita y Venus.

'AHORA ustedes son los dioses del amor', dijo mientras ellos alargaban los últimos instantes de sus orgasmos.

LA HUMANIDAD futura estaba en el vientre de un viaje. Porque ese ser misterioso que emergió de las aguas marinas partió en una nave cosmopolita. Y en la nave transitaban Ibis y Fito embriagados de amor, compartiendo todos los suspiros del tiempo y los espacios geográficos.

NO EXISTÍAN espacios para las dudas: el bautismo impartido por Ibisfito los había transformado en los nuevos dioses del amor. Dioses que transitaban los mares, la tierra, los aires y las galaxias. Porque la nave cosmopolita en que viajaban no tenía barreras físicas, y ellos tampoco las tenían. Y ya no contaban ni el espacio, ni el tiempo, ni los cuerpos. Solo el poder del pensamiento. Ibis y Fito podían efectuar todo lo que se propusieran usando el poder de sus pensamientos. Para ellos todo aparecía y desaparecía ejerciendo sus facultades mentales. Y mientras viajaban en ese cosmos infinito, construían y destruían satélites, planetas, galaxias, vías lácteas...

IBIS Y FITO se tornaron más que dioses del amor. Porque su hijo, Ibisfiton, fruto del acto sexual que efectuaron sobre el árbol, se adueñó de los poderes de Ibisfito dios. Ibisfiton no era hijo de Ibisfito dios, pero sí pensaba, sentía, hablaba y actuaba como él. Tenía todos sus rasgos fenotípicos y genotípicos. Ibisfiton les transfirió sus poderes extrasensoriales a sus padres. El lenguaje hablado se hizo innecesario. Ellos ejecutaban sus actos proyectando sus imágenes mentales.

'PARA que se vayan acostumbrando a la futura humanidad', decían padres e hijos.

PORQUE estaban convencidos de que se aproximaba una nueva humanidad.

'SOMOS los nuevos dioses del universo', proclamaban.

• • •

SIN embargo, después que ellos abandonaban el espacio físico todo seguía igual. Como si ellos fueran ilusionistas pasajeros y fugaces. Como si el mundo se resistiera a dejar las formas, las leyes, las normas, los principios con los cuales se había regido desde su aparición. Ellos transformaban las sociedades por donde transitaban construyéndolas a su imagen y semejanza. Pero tan pronto se ausentaban, las ciudades recuperaban todas sus características originales.

'EL MUNDO seguirá siendo el mundo a pesar de nosotros', repetían.

EL DOMINGO 22 de mayo a la una de la tarde, Ibis y Fito despertaron mojados de aguas marinas y con sus cuerpos cubiertos de arenas movedizas. Al levantarse observaron frente a ellos un gigante árbol frondoso.

'ESTÁ BUENO para hacer el amor en sus ramos', dijo Ibis.

'ASÍ es', respondió Fito." (Del libro de relatos cortos publicado *"Los Reinos de la Ternura"*, escrito por el autor de este libro).

-1-

La experiencia vital de amor frente a la identidad.
Todos los teóricos explican el desarrollo humano como un
proceso que se realiza en etapas y fases, aun cuando los énfasis
de sus criterios y conceptualizaciones al respecto difieran. La
teoría del desarrollo humano de Freud difiere diametralmente de
la de Piaget en los objetos, metas y criterios básicos utilizados
en ambas, pero las dos fueron elaboradas tomando como
referencia las etapas y las fases por las que el desarrollo humano
transita, aunque a uno le interesaba el desarrollo psicosexual y
al otro el desarrollo cognitivo.

Otro elemento común a todas las teorías del desarrollo
humano es la importancia que le asignan a la infancia. Las
primeras etapas y fases del desarrollo humano son cruciales y
determinantes de las últimas, especialmente los hechos
biopsicosociales que ocurren en las primeras. Entre los teóricos
del desarrollo humano existen discrepancias enormes respecto
al orden, contenido y cualidad de dichos hechos cruciales, unos
se enfatizan en las relaciones interpersonales con figuras
significativas, algunos en las herencias genéticas, y otros más en
la alimentación cultural y educativa, pero todos están de

acuerdo en los efectos que los hechos cruciales ejercen en las etapas y fases posteriores del desarrollo.

Hay algunas diferencias entre los teóricos respecto a los conceptos continuidad y discontinuidad, los cuales hacen referencia al hecho de si el desarrollo humano se efectúa en etapas y fases que se continúan cualitativamente una a la otra (continuidad), o si este se realiza en etapas y fases que se completan en sí mismas sin que una anterior ejerza marcada influencia en una posterior y viceversa. Pero estas diferencias son más de forma que de contenido. Todos los teóricos que explican el desarrollo humano a través de etapas y fases están admitiendo que este se realiza o completa como un proceso. Si dicho proceso es lineal, circular o parabólico, es materia de otro tipo de discusión.

Existen otros acuerdos básicos entre los teóricos del desarrollo humano. Uno de esos acuerdos conceptuales es el siguiente: en el proceso del desarrollo infantil lo concreto o real precede a lo simbólico o abstracto, al menos en términos de conceptualizaciones descriptivas. La adquisición de aprendizaje de categorías simbólicas no se completa hasta los seis u ocho años de edad.

El segundo acuerdo teórico es la explicación del organismo humano como una totalidad o unidad influenciada por factores biopsicosociales. Los niveles en los que cada uno de estos factores ejerce su poder es otro asunto discrepante.

El tercer acuerdo conceptual es el que plantea que la ley fundamental que regula a los organismos es la ley de la homeostasis o equilibrio de sus funciones. Todos los organismos tienen sus propios mecanismos biológicos autoreguladores.

Pero además, los organismos en desarrollo son impactados por factores socioculturales que, junto a los biopsicológicos, estructuran y esquematizan la dirección y orientación de sus procesos homeostáticos. **¿Qué se transfiere de la infancia a la adultez? ¿Existen escisiones radicales en las etapas en las que el proceso se realiza? ¿Es el desarrollo biopsicosocial continuo o discontinuo? ¿Aporta cada etapa a la siguiente valores significativos? ¿Es el proceso lineal, circular o ambas cosas?**

-2-

Diacronía y sincronía. El desarrollo humano es necesario estudiarlo con las mismas perspectivas que se examinan la historia, la literatura, la lingüística, y todos los otros apartados científicos. Estas perspectivas esenciales son **la diacronía** (observar lo que ocurre a través del proceso que siguen sus etapas), y **la sincronía** (examinar lo que ocurre en cada una de sus etapas y fases).

La perspectiva con la que yo estudio el amor es de esa naturaleza. El organismo es la expresión de la vida. Cada vida es una historia única e irrepetible en algunos aspectos, y la vida humana es algo de eso. Pero además, cada vida es una historia sumada a otras historias en otros aspectos, y la vida humana es algo de eso también.

Cada vida como historia única es dinámica y cambiante, y hace uso de las modulaciones o disociaciones que le pertenecen. Y cada vida como historias sumadas a otras historias es también cambiante y dinámica, y sigue las mismas leyes de las modulaciones.

* * *

¿A dónde quiero llegar con esos argumentos? He introducido esas ideas para poder aterrizar al tema de este capítulo. El factor crucial de la vida como historia única o como historias sumadas es el factor identidad. Y aquí también hay acuerdos conceptuales generales entre los teóricos del desarrollo humano, aunque no existen muchos acuerdos al contestar la siguiente pregunta: **¿cómo es que un ser indiferenciado llega a convertirse en una persona socialmente determinada?** Las respuestas que se dan incluyen contenidos biológicos, psicológicos, históricos, antropológicos y socioculturales. Pero surge otra pregunta: ¿Cuáles elementos de esos contenidos son influyentes, y cuáles determinantes para que un ser indiferenciado se transforme en una persona socialmente determinada? Este libro no es el lugar para dar respuestas concluyentes a esas preguntas.

Pero una realidad que está someramente clara es la siguiente: tanto en "la vida como historia única" como en "la vida hecha historias sumadas" el aspecto de la identidad que sobresale a la superficie de la personalidad es el de las diferencias. Las diferencias individuales son las banderas de los reinos de la identidad, y estas se observan en todas las geografías socioculturales.

-3-

La naturaleza del amor está ligada a la identidad, porque esta influye la experiencia vital de amor en cualquiera de las formas en la que ella se exprese a partir de los aprendizajes de amor. Todas **las expresiones de amor** son a la vez **expresiones de identidades** escribiendo sus vidas como **historias únicas y como historias sumadas.** Y, en el caso particular del amor erótico, la naturaleza de cualquier expresión de la emoción del enamoramiento es la naturaleza de la identidad de quien la experimenta.

La continuidad frente a la discontinuidad respecto a la identidad en el proceso del desarrollo es un tema escabroso. Aquí tampoco hay acuerdos teóricos. ¿Se completa la identidad en las primeras etapas del desarrollo? ¿Cuáles de sus aspectos se completan y cuáles no? ¿Cuáles contenidos de la identidad infantil se transfieren a la adultez? Una vez en la adultez, ¿es posible transformar aspectos de la identidad infantil? De nuevo tengo que hacer referencia a la vida como historia única y a la vida como historias sumadas para luego señalar lo que es observable: las diferencias individuales como matiz predominante de la vida.

Yo opino que los conceptos de diacronía y sincronía son útiles para examinar la relación innegable entre la identidad y la experiencia vital de amor. Cuando estudie algunas de las teorías acerca de la naturaleza del amor, me detendré en la diacronía, pero desde ahora quiero plantear que ningún aspecto de la personalidad humana es fijo, estable e inmutable. Aun algunos elementos de ella que están profundamente ligados a la genética, la inteligencia, por ejemplo, se muestran bastante vulnerables a factores socioculturales.

Uno de los contenidos de la personalidad humana dinámicamente cambiante es el de la identidad. Ella puede ser estudiada diacrónicamente, pero un examen sincrónico reporta mayor cantidad de sus riquezas e influencia en la vida como historia única o como historias sumadas.

No existe duda de que las bases de la identidad se construyen en las primeras etapas y fases del desarrollo humano, además de que ella es uno de los contenidos más volubles de la personalidad. Ella se adapta, cambia, se conforma, se identifica, se rebela, se torna sumisa... Las vestimentas de la identidad son los papeles que las personas ocupan. Ellas se expresan a través de dichos papeles. Ser amante es desempeñar un papel, el cual también está vestido por la identidad.

Algunos de los aspectos de la identidad que están conectados a la experiencia vital de amor a través de la expresión del amor erótico son: *los niveles de autoconciencia*: quién soy, hacia dónde me dirijo, qué quiero hacer con mi vida; *la conexión del organismo como totalidad con el universo y el cosmos*: cómo me percibo en la humanidad, cuál papel básico desempeño en el universo; *los grados de despertar del mundo intrapsíquico*: la iluminación, la inspiración, la revelación y la creatividad originadas y reflejadas por el yo...

Si las personas enamoradas procuran esencialmente maximizar su autovalía, es decir, establecer aspectos de su identidad (la estructura del yo), o componentes de su autoestima (los valores del yo), la conexión entre la identidad y experiencia vital de amor vivida como amor erótico es clara.

-4-

Tengo que clarificar un poco más el concepto de experiencia vital de amor, ya que este es básico para la comprensión de todo lo que expongo en este libro. **Mi concepto de experiencia vital de amor** no la identifica con un homúnculo o entidad que habita en el cuerpo. Tampoco es comparable a la energía libidinal freudiana quien estaba preso, como he escrito en otros apartados, del *zeitgeist* esencialista-mecanicista de su época. Freud creó los conceptos victorianos acerca de la sexualidad, y esta es una de sus más grandes genialidades, pero lo hizo utilizando los principios hidráulicos que dominaban el *zeitgeist* de su época. Esta última realidad no le resta méritos a sus trabajos, muchos de los cuales han sido superados por sus seguidores.

La experiencia vital de amor es la expresión de la vida como una totalidad biopsicosocial. Los conceptos dualistas y los paradigmas bipolares todavía resultan útiles como descriptores de realidades, pero ellos no son realidades. El entendimiento de esta demarcación es apropiado para la comprensión del concepto de organismo, de vida, de existencia humana como una *Gestalt* o totalidad, sea la vida como historia única o la vida como historias sumadas.

Pero también resulta de mucha utilidad la comprensión de la contrapartida de la vida como totalidad. Todos los organismos, es decir, la vida, están capacitados para participar de sus propias modulaciones o disociaciones, principio que constituyó el descubrimiento de Darwin. Mediante el proceso de modulación los cuerpos no solo se autogeneran y tornan más especializados, sino que también conservan su homeóstasis biopsicosocial.

La experiencia vital de amor es el sistema procesal afectivo que contiene y expresa no solo los tipos de amor que yo denomino trascendentes e inmanentes, sino que además contiene y expresa en sus procesos emocionales complejos las otras emociones (la ira, el odio, la alegría, los celos, etc.). Todos los matices emocionales son modulaciones o disociaciones de la experiencia vital de amor. Ellas son diferentes a la emoción amorosa en sus formas, pero no en su contenido. La emoción del odio, por ejemplo, no es la ausencia de la expresión del amor, sino su otra cara, una de las modulaciones de la experiencia vital de amor.

Por muchos siglos, los teóricos del amor han estado atrapados en un dualismo conceptual que desde mi perspectiva es innecesario. Platón intentó resolverlo con su concepto de Eros, pero las ideas predominantes de sus épocas respecto a la mujer, la belleza, el poder, la sexualidad, no se lo permitieron. Además, sin el derecho a la libertad individual para elegir no era posible elaborar un concepto de amor que incluyera mutua participación. Él estaba preso del *zeitgeist* de su tiempo, pero hizo un intento merecedor y digno. El intento de Freud fue el más brillante y fenomenal, y casi lo logró. Pero algunos de sus énfasis, necesarios por demás, lo atraparon.

La experiencia vital de amor no necesita objetos sublimados ni reprimidos. Ella tiene expresión con la vida. Los procesos emocionales complejos que definen la experiencia vital de amor son componentes intrínsecos del proceso de desarrollo, al cual están en cierta medida subordinados. Las experiencias de aprendizajes de amor necesitan objetos de amor para su expresión y especialización.

La contraposición de estos dos conceptos, experiencia vital de amor y experiencias de aprendizajes de amor, intenta esclarecer las respuestas ofrecidas a la siguiente pregunta: *¿existe en la infancia la capacidad para discriminar y elegir* *objetos de amor?* Los estudios de Konrad utilizando gansos y los de Harlow con monos, parecen señalar la existencia de una predeterminación para participar en experiencias de aprendizajes de amor. Por otro lado, muchos de los estudiosos de observación participativa con infantes indican que su conducta de apego no puede ser explicada solamente en función de una respuesta a la satisfacción de necesidades (hambre, sed, calor, higiene).

Desde mi perspectiva, en las primeras fases de la vida infantil, la experiencia vital de amor está indeterminada en su contenido, realidad que siempre la acompañará, pero no en sus formas. Los procesos emocionales complejos transitan todo el proceso del desarrollo infantil, y van adquiriendo personalidad, identidad, a través de las experiencias de aprendizajes de amor. *¿Está la experiencia vital de amor presente en el momento del nacimiento?* Como parte de la expresión de la vida, sí. En el momento del nacimiento la vida es solo una posibilidad, una probabilidad de ser que contiene en embrión todos los recursos para una forma posible de vida sometida a las situaciones y circunstancias biopsicosociales a la que ella deberá enfrentarse. La experiencia vital de amor es parte de esa forma posible de vida.

Lo que sucede con la experiencia vital de amor durante la infancia y como ella se transfiere hacia tipos o formas de amor a través de las experiencias de aprendizajes de amor, es materia de muchas discusiones filosóficas, antropológicas, psicológicas, biológicas, históricas, y aun políticas. El punto más álgido en la discusión es el llamado amor sexual o erótico. Un asunto de esa agenda está claro: son las experiencias de aprendizajes de amor las que definen y orientan los diversos tipos de amor, los cuales están sociohistóricamente determinados.

-5-

Irving Singer en su brillante y esclarecedor libro *"The Nature of Love"*, volumen 3, discute cinco asuntos que los estudiosos de la naturaleza del amor plantean. **Primero**, el punto de si el amor es innato o si es la adquisición de disposiciones aprendidas en algunos ambientes culturales; **segundo**, las etapas del desarrollo a través de las cuales los seres humanos deben transitar para adquirir la habilidad de amar; **tercero**, si el amor está relacionado o no con otras actividades como el odio y la agresión; **cuarto,** si el altruismo es una posibilidad para los humanos, los cuales se adaptan más a principios genéticos y evolucionarios, según opinan los

200

biólogos hoy; **quinto**, si el amor romántico es un fenómeno universal entre los seres humanos, o si este solo se desarrolla en las culturas que lo promueven.

Que el amor es innato en la naturaleza humana o que al menos se constituye sobre estructuras previas con las que los seres humanos nacen, ha sido planteado por muchos investigadores. Entre ellos, Freud, Michael Balint, Alice Balint, John Boweby. Alexanader Bain lo planteó en su famoso libro *"Touch is the Alpha and Omega of Affect"*; Konrad Lorenz y Harry Harlow en su libro *"Learning to Love"*. Esta idea se encuentra además en las filosofías de Platón y Aristóteles, en el ágape cristiano, entre los naturalistas, los realistas, los idealistas, así como en las corrientes del amor cortesano y el amor romántico. Los existencialistas negaron esa posibilidad debido a sus dudas de que el hombre posea "una naturaleza".

Las más fervientes adversarias a la posición anterior son las feministas quienes la denominan sexista. En las áreas de la psicología, la antropología y la filosofía hay investigadores que niegan esa posibilidad. Robert C. Solomon dice que "el amor es una emoción culturalmente creada, no una necesidad natural".

Mis conceptos de experiencia vital de amor y de experiencias de aprendizajes de amor pretenden esclarecer algunas de las confusiones que permean ambos puntos de vista. La experiencia vital de amor como expresión de la vida es parte de la estructuración y la orientación del desarrollo humano. Ella se expresa como un sistema emocional complejo tendente a proveer y satisfacer necesidades y motivaciones primarias en los seres humanos, como la aceptación, la búsqueda de lo placentero y evitación de lo doloroso. En las experiencias de aprendizajes de amor transformadas en tipos específicos de amor, la satisfacción de necesidades primarias se combina con la búsqueda de la satisfacción de necesidades secundarias.

Debo admitir que las líneas que demarcan los conceptos de necesidades primarias y secundarias cuando se refieren al amor no están completamente claras, ya que cualquier tipo de amor es la expresión de emociones complejas. Pero las observaciones participativas de las primeras fases de la infancia señalan que los lazos que se crean entre los infantes y las personas que satisfacen sus necesidades, no se explican solamente a partir de la satisfacción de necesidades secundarias como el hambre, la sed, el cuidado y el aseo del cuerpo... Existe además una reciprocidad afectiva que parece esencial para el desarrollo adecuado de los diferentes tipos de amor. Los infantes no lucen satisfechos con las meras satisfacciones de sus necesidades secundarias, y quienes se desarrollan en ambientes donde solo estas son satisfechas tienden a mostrar carencias afectivas, aunque este último puede endilgársele a los sobre-énfasis y distorsiones que la cultura hace con el tema del amor.

Si la experiencia vital de amor es indeterminada y se expresa en los procesos de la vida, las experiencias de aprendizajes de amor, especialmente la calidad de las situaciones y circunstancias que la rodean, adquieren enorme importancia. Estas definen y originan los tipos de amor, los matices de estos, y en el caso del amor erótico, definen además el modelo de pareja erótica que los amantes crean.

-6-

¿Cómo es que la expresión biopsicosocial de la vida o sistema emocional complejo que yo llamo experiencia vital de amor se transforma en amor erótico? No existen mayores dificultades en la comprensión de los otros tipos de amor, al menos en el entendimiento de su naturaleza. Hay disparidad de criterios antropológicos, históricos y sociopsicológicos respecto a todos ellos. Por ejemplo, las respuestas a las siguientes preguntas están marcadas por grandes disparidades de criterios.

● ● ●

¿Ha existido a lo largo de toda la historia de la humanidad la forma de amor maternal-paternal que tenemos hoy? ¿O el amor entre amigos, hermanos, a la patria, a los libros, a la escuela, a Dios? Los compontes socioculturales de todos esos tipos de amor son admitidos casi generalmente, al menos en términos de las diferencias en sus matices de una cultura a otra. Su génesis histórica y antropológica es más discutida, especialmente el tipo de amor denominado materno-paterno. ¿Qué ha variado histórica y socioculturalmente? ¿Su contenido o sus formas? ¿Ha existido siempre algún matiz de amor materno-paterno aunque sea como una forma de preservación de la especie? Sabemos que la familia tal y como la conocemos hoy es un concepto nuevo en la historia de la humanidad.

Pero el tipo de amor que reporta mayor dificultad en su comprensión es el amor erótico. En otro apartado explicaré mi uso del término "amor erótico", que desde el punto de vista histórico tampoco resulta claro. El problema se origina cuando se trata de responder la pregunta: **¿qué es el amor?** Y yo estoy de acuerdo con Singer, que la mayor dificultad que afrontan las respuestas ofrecidas son los reduccionismos.

El reduccionismo es un peligro presente en toda actividad humana. Y las explicaciones acerca de lo que es el amor han estado, y lo están hoy día, matizadas por énfasis reduccionistas. Dichos énfasis reduccionistas forman las corrientes de ideas, los movimientos, el *zeitgeist* predominante que se impone. Algunos ejemplos de ellos son paradigmas conocidos que filtran las ideas del amor: *idealismo, materialismo, psicologismo, biologismo, naturalismo.* Los énfasis reduccionistas parecen ser dioses necesarios en la historia de la creatividad. Más modernamente, otros énfasis reduccionistas que explican el amor están representados por el *psiquiatrismo, sociologismo, filosofismo, feminismo, machismo.* El escenario del reduccionismo de la naturaleza del amor se define en el campo de las ideas. Porque el amor, como todos los demás fenómenos que llamamos "realidad", es una creación de las ideas, de los conceptos, que nos enseña a transformar, a crear y recrear la realidad, entre la cual estamos nosotros mismos y todas las sensaciones y percepciones que ella nos produce.

Algunos reduccionismos de la naturaleza del amor me parecen excelentes. El de Fromm, por ejemplo. Su definición del amor como "una orientación del carácter" es excelente en mi opinión, porque según él, esta orientación del carácter tiene expresión por sí misma a través de las actitudes que las personas manifiestan hacia el mundo. Quien encuentra que el amor ha vencido su sentido existencial de soledad y alienación, y se ha reencontrado con la humanidad. A diferencia de los "amores simbióticos", "el amor verdadero" es aquel que se dirige a una persona al mismo tiempo "que representa un encuentro con todo lo viviente". La idea central acerca del amor expresada por Fromm tiene mucha semejanza con la de Tillich, quien dice que la "vida es la actualidad del ser y el amor es el poder de la vida en movimiento". Ambos reduccionismos se denominan idealistas, corriente que originó en Platón al definir el amor como una búsqueda de la perfección, y que ha continuado a lo largo de toda la historia. Los teólogos cristianos tenían una concepción del amor idealista al definir el amor ágape como el "único amor real"; los conceptos de Hegel sobre el amor también son idealistas al decir que el amor es la búsqueda ontológica de la unidad con el amor absoluto hacia sí mismo.

El amor tiene aspectos idealistas, pero él no puede ser explicado íntegramente utilizando conceptos idealistas. Los teóricos que lo definen así le roban una parte de sus riquezas, aunque sus sistemas explicativos contengan un reduccionismo excelente como es el caso del reduccionismo de Fromm.

Uno de los reduccionismos modernos más comunes consiste en reducir el amor erótico al enamoramiento. La responsabilidad de este énfasis está ligada en algunos casos con el lenguaje, es decir, con las palabras utilizadas en diferentes idiomas para referirse al amor, aspectos que discuto en otro apartado. Pero en el fondo de este reduccionismo hay otras confusiones: 1) aspectos histórico y antropológicos; 2) el no plantearse el amor erótico como un ciclo procesal que se realiza en etapas; 3) los énfasis que yo domino de "profesionalización del intelecto" (sociologismo, psiquiatrismo, etc.), entre otras.

Firestone, y con ella una corriente de feministas, reduce el amor erótico al enamoramiento. Según Firestone, el amor es el intento de enriquecerse a sí mismo por medio de la fusión con otra persona, pero debido a la desigualdad existente entre los hombres y las mujeres, enamorarse *(falling in love)* es una herramienta utilizada por los hombres para incrementar su valor al mismo tiempo que disminuyen el valor femenino. Para ella, el amor es peligroso porque implica vulnerabilidades que determinan quién incorpora a quién. Las ideas de Firestone respecto al amor, lo reducen al enamoramiento, lo que no quiere decir que los conceptos que ella elabora alrededor de sus ideas del amor carezcan de validez.

La feminista Ti-Grace Atknson es más radical que Firestone al plantear que el amor hombre-mujer es imposible hasta que la dominación del varón sobre la hembra no sea erradicada. Atkinson señala que lo único que puede existir entre los sexos diferentes son "lazos cooperativos, relaciones de amistad o de camaradería, pero no de amantes". Hasta que la igualdad entre los sexos no se complete, los hombres y las mujeres no podrán amarse. Ella distingue entre amistad y amor, denominando lo primero como una relación racional que implica a dos participantes mutuamente satisfechos; lo segundo tiene naturaleza unilateral y un carácter contradictorio e irracional. Un punto importante en las ideas de Atkinson es su definición del amor como el intento del impotente en fusionarse con el poderoso, de donde ella concluye que la mujer (el ser impotente) estará siempre en desventaja con el hombre (el ser poderoso), ya que los valores que se comparten en el amor son los masculinos, no los femeninos. Atkinson reduce el amor al enamoramiento, pero además incluye otro énfasis en que ella se torna brillante y lúcida: el sociologismo.

¿Es o no posible para mujeres y hombres participar de una experiencia recíproca de amor? Según Atkinson, en la situación de desigualdad genérica en la que un sexo domina sobre el otro no es posible. Esta misma idea la había expuesto **Wollstonecraft** en el siglo XVIII en su libro *"A Vindication of the Rights of Women"*, que fue su respuesta a los conceptos planteados por **Rousseau** respecto a la mujer, aspecto en el que él no superó el *zeitgeist* de su época. Hay algunos puntos en los planteamientos de Atkinson que me parecen débiles: el papel pasivo que le asigna a la mujer en el amor, la definición del amor como "irracional y unidireccional", además de la idea de que los valores que comparten los hombres y las mujeres al amarse son absolutos, fijos y estables. Por otro lado, sus ideas contienen una contradicción. Ella supone que el amor emana de una estructura sociológica, de una participación mutua, lo que contradice su definición de amor como "irracional y unilateral". El énfasis del sociologismo la atrapa de nuevo al no poder integrar el amor a sus contenidos biopsicosociales.

Desde mi perspectiva, las feministas tienen las condiciones biopsicosociales para mantener al grupo de seres humanos capaces de tener las experiencias de aprendizajes de amor más satisfactorias. Sus conductas verbales indican que ellas adquieren altos niveles de autoreflexión, dominio de su existencia incluyendo todo su organismo y, específicamente, el cuerpo, de autovalía, control de situaciones y circunstancias que rodean una adecuada y efectiva cosmovisión, y un paquete de conocimientos útiles para interpretar las realidades biopsicosociales que definen la vida como una historia única y como historias sumadas. Ellas están capacitadas para definir los matices que desean imprimirle a la búsqueda de la maximización de la autovalía; para crear y desarrollar modelos de parejas eróticas que se adecúen a los niveles de sus propias expectativas, y para implantar los modelos de parejas eróticas creados con matices particulares y únicos que satisfacen sus propios sentidos de creatividad.

Una pregunta que suele hacerse en relación al énfasis feminista es la siguiente: **¿solamente las mujeres son capaces de amar?** Algunos señalan que el amor es una reminiscencia que repite el amor de la madre por sus hijos. Los hombres no han sido madres, por tanto, no están capacitados para amar realmente. Otros dicen que no es posible que las mujeres y los hombres se amen debido a las profundas diferencias que ambos tienen respecto a la sexualidad. Los hombres creen amar a una mujer cuando solo están interesados en acostarse con ella. Las investigaciones más recientes indican que existen diferencias básicas en la química hormonal y en los condicionantes sociológicos femeninos y masculinos que impulsan a ambos hacia una fenomenología diferente de amor. Los trabajos de Reik, Beauvoir, Symons, Trivers, Gilligan y otros apoyan este punto. Vuelvo al tema en la sección Romance-Intimidad.

Otro aspecto productor de énfasis reduccionista está relacionado con los objetos del amor. ¿Necesita el amor un objeto o tiene la existencia por sí mismo? Este asunto preocupó a Freud a quien dediqué unas líneas en otro apartado, y ha inquietado a casi todos los teóricos del amor. Tellich, por ejemplo, planteó que el amor solo puede explicarse a partir de su raíz ontológica. Él explica la vida como una unidad estructurada que atrae hacia ella a todas las existencias particulares, siendo el amor movimiento del poder de la vida. En Platón, el amor tiene como objeto la perfección; en el ágape judío-cristiano a Dios; en Freud a la madre.

Pero, ¿necesita el amor de un amor-objeto que lo vitalice y le imparta vida? Mi concepto de experiencia vital de amor erradica el dualismo. Ella no origina el amor, ella es su esencia; ella no contiene el amor, el amor está contenido en ella. La experiencia vital de amor es una de las posibilidades de expresión de vida como historia única y como historias sumadas, admitiendo que la vida tiene diferentes formas y matices dentro de sus posibilidades. Uno de esos matices de la expresión de la vida se encuentra en las emociones, y todas las emociones son experiencias vitales de amor. La emoción del amor es una experiencia vital, pero también lo es el odio, la ira, los celos, la alegría, el miedo. Todas las emociones son matices de la expresión de la vida y, por tanto, son experiencias vitales de amor.

La experiencia vital de amor no necesita de objetos precedentes que indiquen su génesis, porque ella se expresa en la vida. Las experiencias de aprendizajes de amor sí necesitan de objetos relacionales para definir sus formas y matices. Sin un objeto denominado madre, y percibido como tal por la persona, el amor materno no existe porque la persona no posee un objeto con el cual relacionar sus experiencias de aprendizajes. El tipo de amor que llamamos paterno-materno necesita definir sus formas y matices en relación a un objeto denominado como tal.

En casi todas las culturas que existen hoy, los objetos relacionales de amor explícito, como también lo están las ideas que sirven de fundamento a las experiencias de aprendizajes de amor. Los objetos y las ideas permiten que los tipos de amor sean realidades biopsicosociales. Por otro lado, el único objeto que necesita la experiencia vital de amor para su expresión es la vida misma.

¿Cómo es que la experiencia vital de amor se transforma en amor erótico o en cualquier otro tipo de amor? A través de las experiencias de aprendizajes de amor garantizadas por la cultura. Esta tiene objetos-símbolos con los cuales relacionar los tipos inmanentes o trascendentes de amor. Ejemplos de objetos-símbolos trascendentes son Dios, la patria, la humanidad, las mitologías que mantienen cohesionada a las sociedades con "objetivos aparentes comunes". Ejemplos de objetos-símbolos inmanentes son mamá-papá, amigos, hijos, amantes... Pero además, los objetos-símbolos son solamente los cuerpos desnudos de los tipos de amor, sus vestimentas son las ideas. Los objetos-símbolos pueden existir, pero estos no tienen vida en el cuerpo sociocultural sin un conjunto de ideas que hagan las experiencias de aprendizajes de amor una realidad. Los objetos-símbolos madres-padres pueden existir en una sociedad, pero como entidades sin papeles sociológicos. El amor materno-paterno solo puede existir en los cuerpos socioculturales donde los objetos símbolos madres-padres estén vestidos por las ideas de maternidad-paternidad. Porque solamente allí las personas pueden tener experiencias de aprendizajes de amor que produzcan un tipo de amor denominado materno-paterno.

Es lícito admitir que los objetos-símbolos del amor erótico son más complejos que los otros, al igual que sus vestimentas, es decir, el conjunto de ideas que hace posible las experiencias de aprendizajes de amor. Esta complejidad ha fascinado a todos los investigadores de la fenomenología del amor, incluyendo al autor de este libro.

-8-

Terminaré este capítulo con una revisión y análisis de los enfoques citados en esta sección que señalan la poderosa relación existente entre el enamoramiento y la personalidad, la que parece ser otro factor que contribuye a los énfasis reduccionistas. La primera etapa del ciclo procesal del amor erótico está concatenada con la personalidad de sus emisores. En cierta medida, todos somos víctimas de sus poderes, en el sentido de que nos resulta difícil, aunque no imposible, referirnos a ella con objetividad. Los investigadores de la fenomenología del amor erótico también han transitado su primera etapa, el enamoramiento, vivida en el centro álgido de la expresión de la vida: la personalidad.

Cuando los estudiosos de la fenomenología del amor erótico intentan responder la pregunta: ¿cuál es la naturaleza del amor?, sus respuestas tienen dos énfasis ineludibles. Primero, el énfasis que señala el estado de enamoramiento como su componente esencial, aun cuando existen enormes disparidades de criterios entre los analizadores del fenómeno; segundo, el énfasis que explícita o implícitamente liga la naturaleza del amor a la personalidad de sus receptores y emisores. Voy a revisar someramente algunos de los enfoques de esos dos énfasis, a los que he hecho referencia anteriormente en esta sección.

El enfoque de Limerence de Tennov ha ejercido mucha influencia en el estudio de la conducta romántica. Prefiero dejar la palabra en el original porque al traducirla pierde sentido. Según Tennov, la característica básica del estado de Limerence es que la persona siente que "está enamorada". Ella plantea además que "estar enamorado" es una tendencia estable que repiten los que entran al estado de Limerence. Otras características del estado de Limerence son: la persona convence sus procesos cognitivos de que la otra persona está sintiendo lo mismo que ella; la persona se vuelve altamente dependiente de sus procesos cognitivos y aprovecha todas las oportunidades para demostrarse a sí misma la veracidad de ellos; el cuerpo de la persona responde con excitación o exuberancia a las respuestas positivas de la otra persona; la mutualidad del estado de Limerence desarrolla marcado apego romántico.

El enfoque regresivo del Dr. Peck, al cual le dediqué considerable atención en un apartado anterior, reconoce la importancia del enamoramiento aun cuando su planteamiento se centre en la idea de que el "amor verdadero" se inicia después de la experiencia de estar enamorado.

Elaine Walster y W. Walster también enfatizan el enamoramiento en el enfoque que ellos denominan "amor pasional" en contraposición al "amor compasional". Grant lo hace en su enfoque de la "emoción amorosa"; el enfoque de "la identidad compartida" de Solomon, uno de los más brillantes estudiosos de la fenomenología amorosa, reconoce la importancia del enamoramiento en la ecuación del amor.

El enfoque hormonal de Liebowitz y el triangular de Sternberg admiten también su importancia, sino directamente, por los énfasis de sus conceptualizaciones.

El enfoque triangular de la naturaleza del amor del Dr. Sterberg es interesante. Él es uno de los pocos autores y estudiosos que describe el amor erótico como un proceso o ciclo. En su enfoque, el amor contiene tres etapas: pasión, intimidad y compromiso. Solamente cumpliendo estas tres etapas del amor las personas pueden tener como resultado lo que él llama "amor consumado". Además, los componentes de estas etapas tienen que estar balanceados, porque de lo contrario las personas adquieren otros resultados. Por ejemplo, según el Dr. Sternberg, excesiva pasión resulta en "amor infatuado"; mucha intimidad produce "amor de atracción *(liking)*; solamente compromiso da como fruto "amor estéril"; intimidad más pasión es igual a "amor romántico"; mientras más intimidad más compromiso resulta en 'amor compasional'".

-9-

Otros autores y estudiosos al responder la pregunta: ¿cuál es la naturaleza del amor?, han enfatizado en sus respuestas su origen y desarrollo. Ellos también han hecho una contribución importante. Dedicaré unas líneas a algunas de ellas.

Después de Freud, probablemente el otro estudioso de la fenomenología del amor más importante lo sea Harlow. Sus estudios los realizó con monos en forma experimental, y algunas de sus conclusiones siguen vigentes hoy día. Ha sido acusado por la corriente culturalista o de aprendizaje de defender una teoría innata del amor. Para Harlow, el amor se desarrolla sobre la base de una estructura predeterminada, y además crece a través de etapas escalonadas, cada una de las cuales necesita de los resultados de la otra; el amor nace de los afectos reciprocados y los lazos afectivos que se dan entre la madre y el infante; el crecimiento del amor sigue el proceso de maduración infantil, el cual está sujeto a determinantes innatos y a respuestas aprendidas. Según Harlow, el amor heterosexual envuelve un subsistema mecánico y secreto, el cual produce varios tipos de comportamientos sexuales, y otro subsistema romántico que es el responsable de crear las ligaciones emocionales entre las personas. Su teoría se denomina "sistemas afectivos" por la importancia que él le da a los lazos afectivos en el proceso apego-separación. Hay cinco sistemas de amor en su enfoque: el amor maternal, el amor infantil, el amor por compañeros, el amor heterosexual y el amor paternal, que según Harlow, se completan en un ciclo. Por ejemplo, las fases del sistema del amor infantil son: afecto orgánico, contacto y apego a la madre en la búsqueda de comodidad, relajación y confianza para asegurar la autoseguridad cuando se esté solo, un incremento de desapego de la madre como producto del crecimiento, y una independencia relativa que lleva a la separación del amor materno.

Es digno observar que el enfoque de Harlow es una disolución casi radical de la teoría freudiana del amor. Melanie

Klein está más cerca de Freud, pero ella utiliza sus propias perspectivas para desarrollar su enfoque. De acuerdo a Klein, tanto el odio como la culpabilidad juegan un papel fundamental en el crecimiento del amor, porque son la frustración, el odio y la culpabilidad los que guían al infante a hacer reparaciones de equilibrio. El (la) niño (a) adquiere y enriquece su capacidad para amar por medio de ese proceso que lo (a) lleva a reparar males reales o imaginarios que él (ella) cree haber cometido. Según Klein, esa tensión dialéctica entre odio y amor, culpabilidad y separación de males continúa a través de todo el desarrollo de la persona; y, en la vida adulta, el "amor real y fuerte" surge cuando el individuo es capaz de identificarse con otro ser. El proceso de reparación es consumidor de muchas energías, pero la identificación con otra persona es una forma de restaurar las energías perdidas en ese proceso. Según Klein, cuando en la vida adulta amamos a otra persona estamos jugando dos juegos: a los buenos padres que deseamos ser cuando éramos niños y a los buenos niños que aspiramos a ser cada vez que practicábamos el proceso de reparación.

En Klein, encontramos el proceso de identificación como elemento básico en la naturaleza del amor, pero con una perspectiva diferente a la de Freud. Otro estudioso que tiene una teoría de la naturaleza del amor interesante es Konrad Lorenz.

Sus estudios los realizó con aves (gansos), y su concepto básico es el de la agresión, que según él está programada innatamente, además de servir a los propósitos evolutivos. Lorenz dice que el amor es una rama ritualista de la agresión, ya que solo los animales con alto desarrollo de la capacidad agresiva crean lazos fuertes de compañerismo. La agresión precedió al amor en la historia de la vida y, en el caso de los seres humanos, son las actitudes morales de la sociedad las que cambian el ritual de la agresión en amor. Otro punto llamativo en la teoría de Lorenz es el que dice que el odio emana del amor. La agresión ritualizada se torna en amor, pero el amor frustrado o vencido se transforma en odio. Es decir que tanto el amor como el odio requieren de la agresión.

Una de las razones por la que he presentado las teorías de la naturaleza del amor de estos tres autores es para ilustrar la complejidad del tema. Un aspecto que está absolutamente claro es la ligazón de la naturaleza del amor con la personalidad, lo que se observa en las tres perspectivas citadas a pesar de la disparidad de criterios y el uso de ideas diferentes. Además, los tres autores enfatizan los hechos que ocurren en el proceso del desarrollo infantil como determinantes de las formas y los matices de los amores adultos.

CAPÍTULO VI

NOTAS FINALES ACERCA DE: AMOR ROMÁNTICO, EXPERIENCIA VITAL DE AMOR Y EXPERIENCIA DE APRENDIZAJES DE AMOR

-1-

El amor romántico además de su complejidad, de las confusiones que crean las teorías e investigaciones que intentan explicarlo y analizarlo, de lo difícil que resulta explicarlo y analizarlo debido básicamente a sus implicaciones personales (porque los investigadores se enamoran), también tiene sus detractores.

El movimiento romántico recibió ataques no solo de los anti románticos, sino también de los románticos que no les interesaba identificarse como tales (Nietzsches, Tolstoy, Kierkergaad...) Más modernamente, Ralph Linton opina que el amor romántico debe ser clasificado como una anormalidad psicológica. Según Linton, la cultura occidental ha sobrevalorado al romanticismo, lo que lo clasifica como una patología tal y como otras culturas lo han hecho con otras anormalidades.

● ● ●

En la misma línea de pensamiento de Linton está Slater, quien dijo que el amor es una estrategia mercadológica utilizada por la cultura para inhibir la sexualidad, a la vez que aumenta el valor sociológico del sexo. "El amor transforma algo abundante en algo que debe ser servido poco a poco", enfatizó Slater refiriéndose al sexo.

Una opinión opuesta a la anterior es la que expuso William J. Goode. Según Goode, el amor es un potencial psicológico universal, una tendencia innata en los seres humanos que los patrones estructurales de la sociedad controlan con el propósito de que los jóvenes no escojan libremente a sus parejas. Debido a esta represión cultural de la tendencia universal del amor romántico, este solo puede florecer en aquellas sociedades que lo permiten. De acuerdo a Goode, existen dos principios que gobiernan dicho control intencional: los patrones de amor que tratan a este como un posible acompañante del cortejo y el matrimonio, y los complejos de amor romántico que lo tratan como una "prescripción ideológica" para todos los matrimonios futuros. Goode señala que el amor pasional existe en todas las culturas como patrones de amor. Pero que solo algunas sociedades permiten que este se transforme en una "prescripción" previa al matrimonio.

Una investigadora que apoya la opinión de Goode es Syney Mellen, en su libro *"The Evolution of Love"*. Ella encuentra que el tipo de amor romántico que existe en Occidente ha ocurrido en civilizaciones pasadas de las que es posible tener informaciones históricas. En su opinión, la sobrevivencia de la humanidad, y aun de la proto-humanidad, dos millones atrás, en el periodo del Pleistoceno, necesitó de la existencia de una tendencia genética para el establecimiento de lazos emocionales entre los hombres y las mujeres. ¿Por qué dicha tendencia genética no existe hoy día en todas las culturas? De acuerdo a Mellen, esa capacidad programada para el amor romántico ha sido derrotada y sumergida en muchas sociedades.

Desde las perspectivas sociológica, del psicoanálisis y la semiótica, Daniel Rancor-Lafeniere apoya el punto de Mellen. Según Rancor-Lafeniere, la tendencia universal de los hombres y las mujeres a establecer lazos afectivos está relacionada con la regresión. Para sostener su punto, él cita los estudios realizados por Bowlby acerca del apego. También cita los trabajos de Klein trazando el desarrollo ontogenético de los afectos. "La esposa tiende a ser una madre-icono para su esposo", dice Rancor-Lafeniere.

Abandonaré los argumentos de la antropología cultural y la historia de las ideas del amor romántico, donde siempre encontraremos útiles divergencias de criterios, para desarrollar algunas ideas básicas de esta sección.

El concepto **experiencia vital de amor** es central en mi perspectiva, como también lo es el de **experiencias de aprendizajes de amor.** Ambas conceptualizaciones no implican dualismo. ¿Qué significa el término experiencia en el primer concepto? Lo primero que tengo que explicar es que el mismo no se refiere a una práctica o vivencia previa, sino a una experiencia fenomenológica total y única como "la expresión" de la vida misma. Es vital porque fluye, emana y circula con los procesos de la vida, sin que eso signifique que ella es una entidad u homúnculo independiente de los procesos del organismo. **La experiencia vital de amor** es un componente esencial de los procesos del desarrollo, y a la vez expresa sus logros, sus alcances biopsicosociales. Ella se expresa al unísono con la vida como una historia única y como historias sumadas. Todas las situaciones y circunstancias biopsicosociales que imprimen y expresan la vida lo hacen por medio de alguna experiencia vital de amor, es decir, utilizando alguna combinación de emoción-pasión.

* * *

¿Por qué la defino como una experiencia vital de amor? Primero, porque ella hace referencia a la autopreservación y protección de la vida, lo que constituye su característica básica; segundo, su expresión siempre se dirige a incrementar el valor de la vida. **Cuando me enojo** con alguien es porque percibo que ese alguien ha violentado algún principio que me autovalora; ese alguien ha irrespetado mi valor de alguna forma. **Cuando tengo miedo**, percibo algún principio de valor para mi vida amenazado; **cuando me avergüenzo** es porque estoy percibiéndome incompetente para expresar los valores de mi vida; **cuando tengo celos** me estoy percibiendo incapaz de competir con otros a quienes percibo con valores de vida más efectivos que los míos, al menos en el área específica que provoca la emoción de los celos. Todas estas conductas hacen referencia a las esencias que constituyen la experiencia vital de amor: la búsqueda de la autopreservación y protección de la vida y el incremento de la autovalía.

En el caso de los tipos de amor creados por las experiencias de aprendizajes de amor sucede lo mismo, sin que importe a cual tipo de amor no referimos. La experiencia vital de amor se expresa a través de las experiencias de aprendizajes de amor, pero ellas no la definen, resumen o sintetizan, porque la primera es una totalidad única con la vida. Las experiencias de aprendizajes de amor definen los tipos de amor, pero no a la experiencia vital de amor. Ella es indeterminada, posible y probabilística al igual que la vida misma. Indeterminada no significa que ella no posee expresión o identidad, sino que ella solamente está sujeta a todos los procesos que permean su existencia. Ya dije que el principio de identidad es el principio que define la vida; la manifestación conductual de la experiencia vital de amor, entendiendo el término amor en sus sentidos más amplios y abarcadores: preservación de la vida y búsqueda de autovalía, de comodidad, de apoyo, de cuidado, del sentido y la sensación de autovalor, de seguridad, de confianza, de la extensión y conservación de las percepciones, imágenes y conceptos de sí mismo. El amor es entendido aquí como sinónimo de la vida en su expresión vital: la identidad.

Las experiencias de aprendizajes de amor, si se interpretan aquí como prácticas y vivencias, son todas las experiencias biopsicosociales que tienden a propiciar el desarrollo de un ser indiferenciado hasta transformarlo en una persona socialmente determinada. Dichas experiencias incluyen las etapas y las fases por las que el desarrollo atraviesa; todos los elementos, hechos y circunstancias que son componentes vitales del proceso de humanización o de "culturización"; los contactos y los aprendizajes simbólicos que permiten la adquisición y el desarrollo de la identidad generada; los papeles sexuales, maternales-paternales, artísticos, de nacionalidad, de grupos y clases sociales; los papeles responsables de crear y desarrollar valores orientadores de la vida como historia única y como historias sumadas, incluyendo las actitudes religiosas, sociales, genéricas, políticas, los prejuicios de todo tipo...

-3-

Voy a retomar dos conceptos que expuse en un apartado anterior. Estos dos conceptos son el de **objetos-símbolos y el de ideas-vestimentas**. Las experiencias de aprendizajes de amor no pueden crear tipos diferentes de amor si no están sustentadas por esas dos realidades. Los objetos-símbolos madre-padre necesitan de las ideas-vestimentas maternidad-paternidad para que las experiencias de aprendizajes de amor los transformen en un tipo de amor denominado amor maternal-paternal. Las ideas-vestimentas están gobernadas por el *zeitgeist* histórico-cultural predominante. Desde que los seres humanos aparecieron como tales en el escenario de alguna porción de la geografía, discusión que aún sigue en pie entre los antropólogos, los objetos-símbolos de lo que hoy llamamos tipos de amor han existido. Pero las ideas-vestimentas han sido diferentes. Las experiencias de aprendizajes de amor crean tipos de amor solamente cuando las ideas-vestimentas aparecen y se tornan dominantes.

Mientras las ideas-vestimentas desvaloraron a la mujer y a la niñez, esos objetos-símbolos no podían producir el amor paternal-maternal. Los seres humanos valoraban otros objetos-símbolos y tenían otras ideas-vestimentas como dominantes (la guerra, el poder, la conquista de sociedades...no la niñez, maternidad, paternidad). Son las ideas-vestimentas las que permiten que las experiencias de aprendizajes de amor creen el amor de amigos, fraternal, maternal-paternal, romántico... Cuando uno observa la historia de los objetos-símbolos y las ideas-vestimentas se da cuenta que los amores trascendentes precedieron a los amores inmanentes.

Los objetos-símbolos del amor romántico son la mujer y el hombre. Pero mientras las ideas-vestimentas dominantes interpretaron la copulación o sexo como un regalo de los dioses, siendo el orgasmo el aspecto cumbre de un rito mágico, o más adelante como un simple y único instrumento reproductivo para la preservación de la especie, el amor romántico tal y como lo interpretamos hoy no podía aparecer. **¿Se amaron o no las mujeres y los hombres antes del siglo XII de nuestra era?** Seguro que se amaron, pero sus experiencias de aprendizajes de amor no pudieron crear lo que hoy llamamos amor romántico, hasta que los objetos-símbolos mujer-hombre y las ideas-vestimentas amantes-pasionales no se transformaron en dominantes. Y este proceso necesitó vencer muchas otras ideas-vestimentas dominantes hasta poder vincular el sexo con lo mágico, con la afectividad y la imaginación, y más específicamente con la devoción mutua de dos personas.

-4-

Este libro está basado en la idea de que el **amor erótico existe como un ciclo procesal que se realiza en cuatro etapas.** Pero la utilización del concepto amor erótico necesita de algunas explicaciones al margen. En Platón, Eros es la fuerza vital que se manifiesta en el dinamismo de la sexualidad, pero cuyo objetivo fundamental es la búsqueda de la perfección y la bondad lograda a través de una unidad perfecta con la naturaleza. Según él, las únicas personas realmente entrenadas para lograr este objetivo son los filósofos, aunque Platón no niega la posibilidad de que otras personas también lo puedan alcanzar.

Reik plantea que existe una diferencia de origen y naturaleza entre amor y Eros o sexo. El primero, es la búsqueda

• • •

de la felicidad que libera tensiones psíquicas; el segundo, es el motivo biológico que libera tensiones orgánicas. Freud asume una perspectiva totalmente diferente a la de ambos. En Freud, Eros además de ser el principio de la vida o del placer, es siempre libidinal. La libido que equivale a Eros puede estar inhibida y entonces produce afectos o amor, o puede estar desinhibida y entonces su resultado es sexo, que es siempre su objetivo real.

El concepto de amor erótico formulado por Freud contiene otros aspectos dignos de examinarse con minuciosidad. Dos conceptos claves para entender la perspectiva freudiana acerca del amor erótico son el de ego-amor y el de **objeto-amor** que también se denominan **ego-libido y objeto-libido.** El primero es el amor a sí mismo; el segundo es el amor a otras personas. En opinión de Freud, el nacimiento es el primer paso del infante para salir del "narcisismo absoluto" y empezar a descubrir otros objetos de amor. Su primer objeto-amor es su madre, a través de cuyos senos el infante experimenta sentimientos oceánicos, sensaciones de eternidad. Freud tomó este último concepto de una carta que le escribió el poeta Romain Rolland en el 1927, y lo utilizó para desarrollar las ideas de su libro *"Civilization and Its Discontents".* De acuerdo a Freud, los seres humanos son narcisistas por naturaleza, siendo el amor por otras personas la única barrera conocida por el narcisismo. ¿Qué sucede cuando las personas adultas se enamoran? Que las barreras de sus egos se derrumban y los enamorados desean ser una sola persona como una reproducción regresiva del ego-amor y del objeto-amor. Las personas enamoradas regresan al narcisismo absoluto y a su primer objeto-amor experimentado en el seno de su madre.

Según Freud, todo objeto-amor continúa siendo narcisista aunque el amor por otra persona disminuye la energía del ego-amor. Mientras más energía o libido una persona invierte en su objeto-amor menos energía libidinal posee en su ego-amor. Este principio económico es otra aplicación del sistema hidráulico de Freud. Ficino, el creador del llamado "amor platónico" había expuesto la idea de que en el amor mutuo, las personas intercambian valores de sus egos.

¿Cómo es que el ego-amor utiliza el objeto-amor como medio de gratificación al mismo tiempo que permanece siendo narcisista? En este punto es donde aparecen los mecanismos con los que Freud explicó la realidad del objeto-amor. Primero, el amor es una identificación. En la infancia, los padres se transforman en objetos de identificación y objeto de elección; ellos representan la persona que el niño quiere ser y a quien le gustaría tener. Segundo, el amor expresa la idealización del proceso ego-amor, y es por eso que en él existe un agrandamiento y exaltación mental del objeto con el cual se identifica. Y tercero, el amor es una proyección mediante la cual la persona enamorada transfiere a otra persona el ideal de su propio ego.

Hay otro aspecto que se deriva de la explicación freudiana acerca del amor. Para Freud, el carácter de la libido o Eros es masculino, puesto que solamente el narcisismo del niño transforma a su madre en objeto sexual. El objeto-amor es lo contrario al ego-amor lo que implica una sobrestimación sexual del primero. Solamente los niños pueden tener dicha experiencia, por lo que en opinión de Freud, solo los hombres entran "a ese estado peculiar de enamoramiento. "Las mujeres poseen pocas carencias en el ideal de su ego, debido a lo cual no se sienten impulsadas a buscar objeto-amor.

Freud equivale el término eros utilizado por Platón al término alemán *"liebe"* (amor). De acuerdo a Singer, Freud emplea el término *"liebe"* al menos con cuatro usos diferentes: 1) como la fusión de la sexualidad y la ternura: 2) como energía libinal con su objeto inhibido o no inhibido, ya que en Freud toda fuerza libidinal es sexual; 3) como eros o la fuerza que mantiene todas las cosas unidas, tanto al individuo entre sí como a la humanidad; 4) liebe como la mezcla de eros o instinto de la vida y tanatos o instinto de la muerte (agresivamente).

-5-

Yo utilizo el concepto de amor erótico para describir un ciclo procesal que se efectúa en cuatro etapas interconectadas e interdependientes, cada una de las cuales tiene sus propios componentes o elementos y contenidos característicos. Mi uso del término implica la totalidad biopsicosocial del amor romántico histórico contextualizado culturalmente. Las características esenciales del amor erótico están definidas, pero no resumidas, en los componentes y contenidos de su primera etapa: el enamoramiento, con sus dos componentes básicos, la emoción amorosa y la atracción sexual.

Una de las mayores dificultades en el estudio del amor erótico es el lenguaje. *Liebe* en alemán, amor en español o *love* en inglés (término del cual los americanos derivan otros: *falling in love, being in love, staying in love*), todos son términos que hacen referencia a hechos o realidades generalmente disímiles. (La mayoría de las palabras que usamos para referirnos a algún matiz de amor erótico provienen del francés: *liaison*, galantería, alianza, pasión, celos, *fiance*, romance...). Mi concepto de amor erótico enfatiza el hecho de que el mismo es diferente a cualquier otro tipo de amor en sus contenidos y en sus formas.

El ciclo procesal en etapas que yo denomino amor erótico es una de las experiencias vitales de amor o emoción más esencial de la expresión humana de la vida. **Una definición adecuada de experiencia vital de amor es que ella es la manifestación conductual de los dos componentes biopsicosociales que sintetizan la vida: la identidad o estructura del yo, y la autoestima o valores del yo.** La identidad y la autoestima expresan hacia afuera los objetos y los propósitos de la vida, con la posibilidad y probabilidad de ser, de manifestarse, de existir como historia única y como historias sumadas, a través de la experiencia vital de amor.

Algunas experiencias de aprendizajes de amor orientan la experiencia vital de amor hacia un tipo específico de amor denominado amor erótico, y puesto que ella es la manifestación conductual de los dos componentes que sintetizan la vida, la identidad y la autoestima, la expresión de la emoción del enamoramiento es la búsqueda de la incrementación de la autovalía; el intento de la maximización de los valores del yo y, en algunos casos, de la estructura misma del yo.

En la segunda sección examino la atracción sexual que es el otro componente básico del enamoramiento. Pero hasta este punto varios aspectos de la perspectiva de amor que expongo resultan clarificantes. El amor erótico contiene aspectos estéticos de Platón, místicos - mágicos del ágape cristiano, idealistas del amor cortesano-caballeresco y sexuales del amor romántico.

El amor erótico es una creación de la cultura amorosa y el resultado de las experiencias de aprendizajes de amor. Él necesita de objetos-símbolos y de ideas-vestimentas para expresarse. Y además asume las características que la cultura amorosa le imprime.

El amor erótico que existe en la cultura amorosa de hoy empieza por algún nivel de enamoramiento, contiene algún grado de pasión, desarrolla alguna cantidad y cualidad de romance-intimidad y crea alguna ecuación de compromiso entre sus participantes.

-6-

¿Con la expresión de la emoción del enamoramiento amamos a otra persona o lo único que buscamos es ser amado (a) por ella? La explicación narcisista de Freud probablemente contenga algunos aspectos exagerados, pero ella explica la esencia del amor: la expresión del yo intentando incrementar su autovalor. Sartre conceptualiza el mismo proceso como una asimilación de la libertad del otro; el yo utiliza su propia libertad para apropiarse de la libertad de otro yo que también tiene el mismo objetivo.

La expresión de la emoción del enamoramiento busca ambas cosas: amar y ser amada. Ella no establece una diferencia antagónica entre dos conceptos. El yo percibe las dos búsquedas como realidades simultáneas, conjuntas e interdependientes.

Pero además, la búsqueda de autovalía implica mutualidad. Yo me percibo imperfecto solamente frente al yo que admiro; yo trato de seducir al otro yo ocultando mi imperfección (máscaras, pretensiones exageradas...); pero yo realizo la perfección del otro yo e ignoro sus imperfecciones, no porque lo amo, sino para conquistar su amor, lo cual contiene mayor valencia de poder que mi propio amor. Las valencias de poder de mi amor hacia el otro yo empiezan a manifestarse cuando descubro a través de mis experiencias de aprendizajes de amor que el otro yo no es perfecto.

Cuando las dos personas experimentan la mutualidad de forma paralela varios fenómenos aparecen: la introspección posesiva aumenta de nivel, asegurándole a ambas personas que existe una mutua correspondencia de experiencia; la autoreflexión obsesiva decrece de nivel, permitiendo que las personas perciban autoseguridad; las idealizaciones fantásticas también decrecen, porque las personas se dan cuenta que exageraron sus percepciones.

En este punto, si la pareja permite que el ciclo procesal del amor continúe, este empieza un proceso de **trascendencia y/o disonancia**, mediante el cual los amantes invierten los valores del ciclo procesal de amor. A partir de este momento, las etapas de romance-intimidad y compromiso comienzan a adquirir gradientes de mayor valoración que las etapas de enamoramiento y de pasión. Las modelos de pareja eróticas creadas y desarrolladas por la pareja impactan y deciden muchos aspectos del proceso de trascendencia y/o disonancia, pero esto se reflejará en todos ellos.

● ● ●

LA PSICOLOGÍA DEL AMOR
EL AMOR ROMÁNTICO: APRENDER A AMAR
(VOLUMEN II)

Publicado por:

LIVING MISSION MINISTRIES, INC

Una Misión para Vivir, Inc.

PEDIDOS:

www.amazon.com

www.hectorwilliamszorrilla.com

hectorwzorrilla@gmail.com

Acerca del autor

Héctor Williams Zorrilla es psicólogo, trabajador social, educador de la salud y escritor. Tiene especialidad a nivel de post-maestría en terapia sexual y consejería familiar. Tuvo práctica privada como terapista de pareja y sexual, y ha visto miles de casos durante su vida profesional. Ha viajado por varias partes del mundo como conferencista invitado para hablar sobre los temas de sus libros.

Está casado con Clemencia Zorrilla, con quien ha escrito dos libros: **"Recetas para Enriquecer tu Matrimonio: Como mantener las llamas del amor"**, y **"Recetas para Enriquecer tu Vida Sexual: Como disfrutar de tu sexualidad en el matrimonio"**.

Todos sus libros pueden adquirirse en www.amazon.com desde cualquier parte del mundo, tanto en formato digital como impreso.

Héctor Williams estudió Psicología Clínica en la UASD, en la República Dominica, su país de origen, donde fue fundador del Centro Especializado de Psicología Aplicada (CEPSIA), en el cual fungió como director ejecutivo hasta que emigró a los Estados Unidos en 1989. Por medio de CEPSIA, impartió docenas de seminarios, talleres, conferencias; además de cursos de educación continua en INTEC y otras universidades.

En los Estados Unidos, Héctor Williams continuó sus estudios en varias universidades, y ha obtenido grados en Psicología,

Maestría en Administración de Salud Mental, Administración de Servicios Sociales, Post-maestría en Consejería Familiar y Liderazgo de CUNY y de Cornell University.

Además, en los Estados Unidos, ha ejercido posiciones como consejero familiar, supervisor de consejeros y trabajadores sociales, director de programas de trabajos sociales y de salud mental y asesor de programas para la ciudad de Nueva York, educador de la salud para el Estado de Florida, entre otras.

Si deseas comunicarte con el autor de este libro para comentarios, preguntas, sugerencias, hazlo en su e-mail:

hectorwzorrilla@gmail.com

www.hectorwilliamszorrilla.com

La psicología del amor
El amor romántico: para aprender a amar
(V o l u m e n 2)

En la introducción, el autor dice sobre este libro lo siguiente: "Este es un libro sobre el amor, pero que también está lleno de amor. Creo que todo ser humano debería leer este libro por lo menos una vez en la vida. Este libro estuvo guardado por veinte un años, y sus ideas, conceptos y paradigmas siguen tan vigentes como el primer día. Un libro que pasa el crisol del tiempo es digno de leerse. Me quedé sorprendido cuando lo leí 21 años después, y decidí publicarlo para su deleite".

No hay ninguna duda de que este libro está llamado a transformarse en un clásico de los libros sobre el tema del amor romántico.

Solamente leer los temas de los capítulos de este libro llena a los lectores de curiosidad. Estos son los temas:

Mujer y hombre: creadores de la pareja erótica, la emoción amorosa y la atracción erótica, el poder erótico de los cuerpos: atracción, seducción y apego, enamoramiento y personalidad, el milagro de la intimidad, la experiencia vital de amor, la identidad y la naturaleza del amor, acerca del amor romántico, experiencia vital de amor y experiencias de aprendizajes de amor.

La lectura de este libro realmente produce un placer. Y lo que se aprende de leerlo dura para toda la vida.

• • •

Bibliografía

(Todas las obras y autores mencionados en el libro fueron consultados)

ALLENDER, B.; LONGMAN III, T.: *Intimate Allies,* Tyndale, Wheaton, Il., 1995.

Antropología y Sexualidad. Educación sexual, Vol. VII, INES. República Dominicana, 1976.

BUSCAGLIA, Leo: *Vivir, amar y aprender*, Emece Editores, Argentina, 1986.

BUSCAGLIA, Leo: *Ser persona,* Emece Editores. Argentina, 1986.

BOSZORMENY-NAGY, Iván; FRAMO, J. I: *Terapia familiar intensiva,* Editorial Trillas, México, 1979.

BRADSHAW, John: *La familia,* Selector Autoridad Editorial, México, 2000.

BARRON, James Douglas: *Ella quiere un anillo,* Ediciones Urano, S. A., Barcelona, 2001.

BAUGH, Kay Allen: *Chocolate para el corazón de la mujer,* Editorial Diana, USA, 2000.

BECK-GERNSHEIM, Elizabeth: *La re-invención de la familia*, Ediciones Paidós Ibérica, S. A., Barcelona, España, 2003.

● ● ●

BUNDSCHUH, Rick; GILBERT, Dave: *Romance Rekindled*, Harvest House, Eugene, Or., 1988.

CRUZ, José. *Hacia el desarrollo de la personalidad*, Editora de la Salle. República Dominicana, 1980.

CHINMOY, Sry: *El jardín del amor*, Editorial Sirio, S. A., USA, 1974.

CREIGHTON, James L.: *Claves para pelearse sin romper la pareja*, Longseller, Errepar, Buenos Aires, Argentina, 2002.

CHAPMAN, Gary: *Los cinco lenguajes del amor.* Unilit, Miami, 2002.

CARLSON, Kristine: *No te ahogues en un vaso de agua*, Editora Aguilar, Altea Tauros, S. A., Bogotá, Colombia, 2003.

CHAPMAN, Gary: *El matrimonio: pacto y compromiso*, Editorial A & W Publishing Electronic Services, Inc., USA, 2004,

DILLOW, Linda; PINTUS, Lorraine: *Temas de intimidad (21 interrogantes que las mujeres tienen sobre sexo)*, Grupo Nelson, USA, 2007.

DYER, Wayne W.: *El poder de la intención*, Hay House, Inc., Carlsbad, CA, 2005.

DOYLE, Laura: *Entregada, pero no sometida*, Editorial Norma, S. A., Bogotá, Colombia, 2001.

DORMAN, Lesley. *Three Styles of sex*, Redbook, March, 1998.

DOBSON, James: *El amor debe ser fuerte*, Editorial Vida, Grand Rapids, 1990.

• • •

DUMAY, Regine: *Cómo hacer bien el amor a un hombre,* Randon House Mondadori, S. A, España, 2005.

DUNKER, José Rafael: *Los vínculos familiares: Una sicopatología de las relaciones familiares,* Editora BUHO, Santo Domingo, República Dominicana, 2003.

DUNKER, José Rafael: *Iguales y diferentes: Un estudio sobre cuestiones de género, matrimonio y familia,* Segunda Edición, Editora BUHO, Santo Domingo, República Dominicana, 2008.

DUNKER, José Rafael: *Crónicas familiares,* Sea Editorial, Santo Domingo, República Dominicana, 2008.

Dunker, José Rafael; JESÚS DE DUNKER, Fior de: *Mejor que cuando novios,* Sea Editorial, Santo Domingo, República Dominicana, 2008.

Dunker, José Rafael; JESÚS DE DUNKER, Fior de: *Cómo criar bien los hijos sin destruir el matrimonio,* Sea Editorial, Santo Domingo, República Dominicana, 2008.

DUNKER, José Rafael: *Consejería desde la iglesia local,* Segunda Edición, Editora BUHO, Santo Domingo, República Dominicana, 2008.

EASWARAN, Eknath: *El amor nunca falla,* Editorial Atlántida, Buenos Aires, Argentina, 1986.

ENGEL, Beverly: *Ámale sin dejar de quererte,* Editorial Randon House-Mondadori, Barcelona, España, 2002.

ELDREDGE, John; ELDREDGE Stasi: *Cautivante,* Editorial Caribe S. A. Inc., Nashville, TN, USA, 2005.

* * *

GOLWALD, W. H.; GOLDON, G. H.: *Sexualidad y la experiencia humana,* Editorial Manual Moderno, México, 1983.

FROMN, Erick: *El Arte de amar,* Ediciones Paidós Ibérica, S. A., Barcelona, España, 1959.

FUCHS, Eric: *Sexual desire and love,* Seabury Press, New York, 1998.

GRAY, John: *Marte y Venus enamorados,* Editorial Emece, S. A., Buenos Aires, Argentina, 1997.

GRAY, John: *Marte y Venus en el dormitorio,* Editorial Grijalbo, Barcelona, España, 1998.

GRAY, John: *Marte y Venus hacen las paces,* Editorial Emece, S. A., Buenos Aires, Argentina, 1996.

GOTTMAN, John M.: *Siete reglas de oro para vivir en pareja,* Plaza & Jones Editores, S. A., Barcelona, España, 2000.

GOLDBERG, James G.: *El lado oscuro del amor,* Ediciones Obelisco, USA, 1995.

GRAYSON, Henry: *Mindful Living,* Penguin Group Publishers, S. A., USA, 2003.

HENDREIK, Harville; HUNT, Helen: *El amor que cura,* Ediciones Obelisco, España, 1999.

HITE, Shere: *El Informe Hite: Estudio de la sexualidad femenina,* Plaza y Janes S. A. Editores, España, 1977.

HUXLEY, Laura: *Recetas para vivir y amar,* Editora Integral, Barcelona, España, 1963.

JAMISON, Heather: *Recuperemos la intimidad,* Editorial Portavoz, USA, 2007.

Ortiz, Juan; Hernández, Arline: *Las Reglas del amor,* Editorial Grijalbo, México, 2003.

KINSEY, C.; POMEROY, W. B.; MARTIN, C. E.: *Conducta sexual humana,* Tomos I y II, Siglo XXI, Argentina, 1967.

KAPLAN, Helen: *La nueva terapia sexual,* Tomos I y II, Alianza Editorial, S. A., España, 1982.

KAPLAN, Helen: *Manual ilustrado de terapia sexual,* Editorial Grijalbo, S. A., España, 1983.

La familia y la armonía sexual (Educación sexual), Vol. 5., INES, República Dominicana, 1975.

LERNER, Harriet: El miedo y otras emociones indeseables, Ediciones Oniro S. A., Barcelona, España, 2005

LOVE, P.; ROBINSON, J.: *Hot marriage,* Penguin Books, New York, 1994.

LOVE, P.: *The true about love,* Firesidebook, New York, 2001.

MASTERS, W. H.; y JOHNSON, V. C.: *The pleasure bond,* Bantam Books, Nueva York, 1974.

MASTERS, W. H, et. al.: *Manual de sexualidad humana,* Editorial Pirámide, S. A., España, 1982.

MASTERS, W. H.: JOHNSON, V. C.: *Respuesta sexual humana,* Editorial Inermédica, Argentina, 1976.

MARKMAN, H. J.; STANLEY, S. M.; BLUMBERG, S. L.: *Su matrimonio vale,* Editorial Norma, Colombia, 2000.

MCARY, J. L.; MCARY, S. P.: *Sexualidad humana,* 4ta. Edición, Editorial Manual Moderno, México, 1983.

MCGRAW, Phil.: *La familia primero,* Santillana Ediciones Generales, S. A., Editorial Aguilar, México, 2006.

MACGREGOR, Cynthia: *Juegos y actividades para realizar en familia,* Editorial Paidós S.A.I.C.F., Buenos Aires, Argentina, 2000.

MCCRAW, Phillip C.: *Rescate su relación (Plan estratégico para conectarse con su pareja),* Editorial Diana, S. A., México, 2003.

MCLAGAN, Pat: *El cambio es cosa de todos,* Ediciones Urano, S. A., Barcelona, España, 2003.

MASON, Mike: *El misterio del matrimonio,* Editorial Vida, Grand Rapids, 2006.

MAYO, Mary Ann: *A Christian guide to sexual counseling,* Zondervan, Grand Rapids, 1995.

O'CONNOR, Dagmar: *Cómo hacer el amor con la misma persona por el resto de tu vida,* Editorial Urano, Barcelona, España, 1989.

PIQUER, Florencia: *Cómo disfrutar en pareja,* Gidesa, Argentina, 1999.

PEARSALL, Paul: *Super marital sex,* Ivey Books, New York, 1987.

REAL, Terrence: *Cómo puedo entenderte,* Ediciones Urano, Barcelona, España, 2002.

RISO, Walter: *La felicidad es mucho más que amar,* Grupo Editorial Norma, Bogotá, Colombia, 2003.

SILVEIRA, Miguel: *El arte de las relaciones personales,* Editorial Alba, Barcelona, España, 2003.

SMEDES, Lewis B.: *Sex for Christians,* Eermang, Grand Rapids, 1994.

SMITH, Robin L.: *Mentiras ante el altar,* Santillana, Ediciones Generales, USA, 2007.

SUÁREZ, Juan; R. Blanca: *Matrimonio es algo más que amor,* Ediciones Suagar, Orlando, Florida, 2001.

STEMBERG, Robert J.: *La experiencia del amor,* Editora Paidós Ibérica S. A., Barcelona, España, 2000.

ROSENACE, Duglas E.: *Una celebración del sexo,* Grupo Nelson, [s.l.], 2003.

VÁSQUEZ, Carmen Inoa; GIL, Rosa María: *La paradoja de María,* Randon House, Inc., USA, 1996.

VEXLER, Erika Johanna; SUELLENTROP, Katharine: *Un puente entre dos mundos: cómo lograr que los programas para la prevención del embarazo en la adolescencia presten mejores servicios a los jóvenes latinos,* Campaña Nacional para Prevenir el Embarazo de Adolescentes, Washington, DC, 2006.

WEINER-DAVIS, Michele: *Felizmente casados, sexualmente felices,* Grupo Editorial Norma, New York, 2003.

• • •

WEINER-DAVIS, Michele: *The divorce remedy,* Simon & Chuster, New York, 2001.

WILSON, Elisabeth: *Revitaliza tu vida sexual,* Ediciones Nowlitus, S. A., España, 2005.

WOLFE, Janet: *What to do when he has a headache,* Hyperion, New York, 1992.

WHEAT, Ed.; WHEAT, Fale: *El placer sexual ordenado por Dios,* Grupo Nelson, Nashville, 1992.

YORKEY, Mike (Comp.): *Cómo cultivar un matrimonio saludable,* Editorial Unilit, Miami, Florida, USA, 1996.

ZORRILLA, Héctor Williams: *Psicología masculina y femenina del matrimonio,* Editora Taller, Santo Domingo, Rep. Dominicana, 1987.

ZORRILLA, Héctor Williams: *Los Reinos de la Ternura (Relatos cortos),* Publicaciones Una Misión Para Vivir, Inc. (MIPAV), Living Mission Ministries, Inc., Estados Unidos, 2012.

ZORRILLA, Héctor Williams: De amor y de Sueños (Relatos cortos), Publicaciones Una Misión Para Vivir, Inc. (MIPAV), Living Mission Ministries, Inc., Estados Unidos, 2013.

ZORRILLA, Héctor Williams: *Recetas para Sanar tu Corazón: Principios simples para vivir la vida,* Publicaciones Una Misión Para Vivir, Inc. (MIPAV), Living Mission Ministries, Inc., Estados Unidos, 2012.

ZORRILLA, Héctor; ZORRILLA, Clemencia: *Recetas para enriquecer tu matrimonio: Cómo mantener las llamas del amor,* Segunda Edición, Publicaciones Una Misión Para Vivir, Inc.

(MIPAV), Living Mission Ministries, Inc., Estados Unidos, 2008.

ZORRILLA, Héctor Williams; ZORRILLA, Clemencia: *Recetas para enriquecer tu vida Sexual: Cómo disfrutar de tu sexualidad en el matrimonio,* Publicaciones Una Misión Para Vivir, Inc. (MIPAV), Living Mission Ministries, Inc., Estados Unidos, 2009.

ZINCZENKO, David: *Hombres, amor y sexo,* Ediciones Santillana, Florida, 2007.

• • •

Publicado por:

LIVING MISSION MINISTRIES, INC
Una Misión para Vivir, Inc.

PEDIDOS:

www.amazon.com

www.hectorwilliamszorrilla.com

hectorwilliamszorrilla@yahoo.com

Héctor Williams Zorrilla

La psicología del amor
El amor romántico: para aprender a amar
(VOLUMEN II)

Primera edición
Mayo de 2013
Nueva York, Estados Unidos

Si deseas comunicarte con el autor de este libro para comentarios, preguntas, sugerencias, hazlo aquí:

www.hectorwilliamszorrilla.com

hectorwzorrilla@gmail.com

www.ingramcontent.com/pod-product-compliance
Lightning Source LLC
Chambersburg PA
CBHW070952040426
42443CB00007B/467